中国道路与世界之问

总主编 · 陈 晋

中国式民主是怎样的民主

陈 坚◎著

五洲传播出版社

图书在版编目（CIP）数据

中国式民主是怎样的民主 / 陈坚著 . -- 北京 :
五洲传播出版社，2022.12
（“中国道路与世界之间”丛书 / 陈晋主编）

ISBN 978-7-5085-4799-2

Ⅰ . ①中… Ⅱ . ①陈… Ⅲ . ①社会主义民主－研究－
中国 Ⅳ . ① D616

中国版本图书馆 CIP 数据核字 (2022) 第 183770 号

“中国道路与世界之间”丛书

总 主 编： 陈 晋
出 版 人： 关 宏

中国式民主是怎样的民主

著　　者： 陈 坚
责任编辑： 苏 谦
装帧设计： 北京青心见画文化艺术有限责任公司
图片提供： 新华社　中新社　视觉中国
出版发行： 五洲传播出版社
地　　址： 北京市海淀区北三环中路 31 号生产力大楼 B 座 6 层
邮　　编： 100088
发行电话： 010-82005927，010-82007837
网　　址： http://www.cicc.org.cn　http://www.thatsbooks.com
承　　印： 中煤（北京）印务有限公司
版　　次： 2023 年 1 月第 1 版第 1 次印刷
开　　本： 787mm×1092mm　1/16
印　　张： 11.75
字　　数： 120 千字
定　　价： 58.00 元

前言

民主是人类政治文明发展的成果，是全人类共同秉持的价值，更是中国共产党和中国人民始终不渝坚持的重要理念。

当今世界有两种具有典型性的民主制度，一种是以西方为代表的所谓三权分立的民主，即西方式民主；另一种是以中国为代表的全过程人民民主，即中国式民主。

中国式民主是怎样形成的？它与西方式民主有哪些区别？它的全过程人民民主是如何体现出来的？它在当今世界拥有怎样的独特优势和吸引力？这些人们共同关心的问题，本书都作了详尽的解答。

目录

第一章　中国式民主扎根于中国的土壤

第二章　中国的人民代表大会是全过程人民民主的载体

第三章　中国新型政党制度是一项政治创造

第四章　中国式协商民主是良性制度设计

第五章　中国领导人是怎样选拔产生的

第六章　中国的选举制度和基层民主的运行

第七章　中国式民主制度充分保障人权

第八章　人民民主嵌入中国国家治理体系

第九章　中国式民主展现超强魅力

第一章

中国式民主
扎根于中国的土壤

“鞋子合不合脚，自己穿了才知道。”

这是2013年中国国家主席习近平在莫斯科国际关系学院发表演讲时说的一句话，表达的意思就是一个国家的发展道路合不合适，只有这个国家的人民最有发言权。同样的道理，一个国家走什么样的民主发展道路，必须与本国具体国情相适应，照搬照抄别人的模式既不会成功，也没有出路。

近代以来中国民主道路的探索

众所周知，中国是一个有着5000多年文明的大国，为人类发展和进步作出了重大贡献。当历史步入19世纪时，中国的农业文明趋于衰落，延续几千年的封建专制制度已经僵化，中国社会的发展也陷于停滞状态。尽管那时中国仍保持着东方大国的称号，仍堪称世界上最富庶的国家，但其实已危机四伏。统治中国的清王朝政治腐败，军备废弛，财政拮据。此时，一些欧美国家通过资产阶级革命和工业革命，建立起先进的社会制度和生产方式。为谋取更大的利益，西方列强纷纷把触角伸向世界各地，进行疯狂的海外扩张和殖民掠夺。地域辽阔、物产丰富的中国，自然成了它们觊觎的目标。

1840年，英国殖民者用炮舰打开了清王朝封闭的大门，发动了侵略中国的第一次鸦片战争。1842年8月，惨遭失败的清政府被迫与英国政府签订了中国历史上第一个割地赔款的不平等条约，也就是《南京条约》。随后，西方列强纷至沓来，强迫清政府签订一系列不平等条约，使中国的主权和领土完整受到严重损害。据不完全统计，近代以来清政府与列强签订的不平等条约多达400多个。

位于广东省东莞市虎门的鸦片战争博物馆，记录了中国近代史充满硝烟的开端。

中国台湾著名学者柏杨在《中国人史纲》中叹息说："一些中国曾经听说过或从未听说过的弹丸小国，在过去就是前来进贡也不见得够资格的，现在排队而来。清政府手忙脚乱，无法招架，于是只要他们报出一个国名，清政府就一一跟他们签订条约。他们虽然没有把中国打败，结果却每一个都是战胜国，跟蝗蚁一样叮在中国身上吸血……在这些弹丸小国眼中，中国是一个土头土脑的大肥佬，如果不乘机坑骗一下，简直良心上过不去。"国家之落魄、尊严之扫地，由此可见一斑。

中华民族危难深重，外遭帝国主义的侵略，内受封建主义的压迫，人民根本没有民主权利。为改变国家和民族的命运，一代又一代中国人奋起反抗，进行了前仆后继的英勇斗争。在救亡图存运动中，一些思想先进的中国人曾经把目光转向西方寻求救国救民的道路，在中国推行资产阶级改良运动，发动资产阶级民主革命。

在内忧外患的旧中国，许多人逐步形成了一个共识：要救国，只有维新；要维新，只有学外国。那时的外国只有西方资本主义国家是进步的，它们成功地建设了资产阶级的国家。之所以选择学习西方，还有一个重要原因，当时的日本通过明治维新步入了强国行列。日本人学习西方取得成功，激发了中国人学习西方的热情。在这样的历史条件下，资产阶级的改良思想迅速传播开来，逐步形成变法维新的思潮，继而发展成一场变法维新的政治运动。

从政治角度来看，这次变法的核心内容之一，就是在中国设立议院，实行西方的君主立宪制。尽管改革方案得到了当时年轻而又没有实际权力的光绪皇帝的支持，但却遭到了强大的封建守旧势力的激烈反对，除京师大学堂（北京大学的前身）被保留下来以外，其余新政措施大都被废除，维新派人士和参与或同情变

京师大学堂是戊戌变法“新政”仅存的硕果，后改称北京大学。图为京师大学堂旧址。

法的官员，或被囚禁，或被革职，或遭放逐。这标志着向西方学习的戊戌维新运动最终失败。

戊戌维新运动失败后，中国革命的先行者孙中山先生领导的革命派掀起了一场资产阶级革命运动。资产阶级革命派大多是已接触过近代西方资本主义思想文化的知识分子，他们中的不少人曾远渡重洋，赴欧美留学，近距离观摩西方的政治制度，以寻求解决中国问题的出路。1905年，孙中山在同盟会机关报《民报》发刊词中，第一次完整提出“民族主义、民权主义、民生主义”即“三民主义”思想。其中，民权主义指的就是推翻封建君主专制制度，建立资产阶级民主共和国。这也是当时追求进步的中国知识分子理想的政治方案。

孙中山的“三民主义”思想，初步描绘出中国还不曾有过的资产阶级共和国方案，是一个比较完整而明确的资产阶级民主革命纲领。它的提出对推动革命的发展产生了重大而积极的影响。辛亥革命爆发后不久，孙中山于1911年年底回到国内，领导成立中华民国临时政府，并在南京宣誓就任总统。同时，孙中山在建立共和政权过程中，认为西方“三权分立”对权力的制衡并不彻底，应借鉴中国古代的考试权和监察权独立的制度，从而提出“五权分立”思想。

孙中山提出：我们现在要集合中外的精华，防止一切的流弊，便要采用外国的行政权、立法权、司法权，加入中国的考试权和监察权，连成一个很好的完璧，造成一个五权分立的政府。

孙中山关于权力制约的思想，后来体现到1912年3月颁布的《中华民国临时约法》中。这是中国近代以来的第一部宪法。这部宪法规定：参议院行使立法权，参议员由各省选派；总统代表临时政府总揽政务；国务总理及各部总长称国务员，辅佐临时大总统负其责任；法院行使司法权；参议院有权弹劾大总统和国务员。这标志着资产阶级共和国的政治制度在中国的确立。

毛泽东后来曾评价说：民国元年的《中华民国临时约法》，在那个时期是一个比较好的东西；当然，是不完全的、有缺点的，是资产阶级性的，但它带有革命性、民主性。

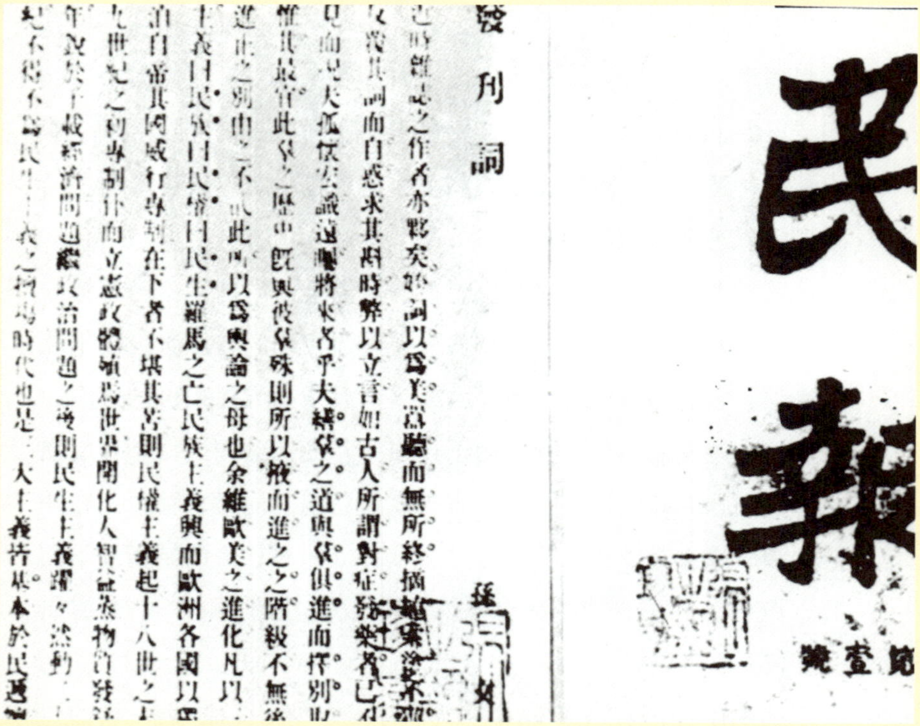

1905 年 11 月，孙中山为同盟会创办的机关刊物《民报》撰写发刊词，阐述了三民主义的民主革命纲领。

尽管孙中山领导的辛亥革命推翻了统治中国2000多年的君主专制制度，但按照西方政治制度模式建立起来的资产阶级共和国，既没有得到西方列强的支持，也没能实现中国人民普遍要求独立、民主的迫切愿望。北洋军阀头目袁世凯在帝国主义和国内各种反动势力的支持下，最终窃夺了辛亥革命的果实。于是，存在仅3个月左右的南京临时政府就这样夭折了。

在袁世凯的北洋政府统治下，当时的中国形式上还有约法、有国会、有众多公开活动的政党，似乎有点民主共和国的样子。但实际上，全部政权都操纵在以袁世凯为首的北洋军阀手里，他们对资产阶级民主制度是不能容忍的。1912年8月，宋教仁在征得孙中山、黄兴的同意后，以同盟会为基础联合其他几个政党，组成国民党。在随后的第一届国会选举中，国民党获得了多数席位。国民党领袖宋教仁希望由此组织以他为首的责任内阁，在中国推行资产阶级议会民主制度。

1913年1月，宋教仁应北洋政府总统袁世凯的邀请，从家乡湖南桃源出发，到达上海，准备前往北京“组阁”。就在宋教仁准备离开上海前往北京之际，他在火车站被刺客开枪刺杀，年仅31岁。宋教仁被刺一案，意味着和平斗争的议会制民主在中国完全失败，中国社会又陷入以武力解决争端的老路。

1913年10月，在总统选举中，袁世凯指使军警、流氓包围国会，强迫议员选举他为大总统。接着，他又撕下“拥护共和”的面具，攻击国会是“暴民专制”、妨碍国家统一，于1913年11月下令解散国民党，收缴国民党议员的国会证书、徽章，使国会不足法定人数，无法开会。1914年1月，他又停止参议院、众议院两院议员的职务，遣散议员。1914年5月，袁世凯公然撕毁《中华民国临时约法》，炮制了《中华民国约法》，用总统制取代内阁制。至此，中华民国只剩下一块空招牌了。

时人悲愤地感叹道：“无量头颅无量血，可怜购得假共和。”中国人民仍然处于被压迫、被奴役、被剥削的悲惨境地。中国的出路在哪里？中国人民在黑暗中思考着、摸索着、奋斗着。

走上人民民主的新道路

辛亥革命失败后，帝国主义在华势力没有受到削弱，封建势力依然盘根错节，中国人民仍然生活在贫穷、落后和动荡、战乱不断的苦难深渊中。严酷的现实，终于使越来越多的中国人认识到，在中国，照搬西方资本主义政治制度是一条走不通的路。

要完成救亡图存和反帝反封建的历史任务，必须另外寻找新的救国救民的道路，建立全新的政治制度。领导中国人民寻找新的革命道路和建立新制度的重任，历史地落在了中国共产党身上。

1921年，一批接受过民主与科学思想洗礼的先进知识分子，把马克思主义同中国工人运动相结合，建立了中国共产党。此后，在中国共产党的领导下，中国革命进入了彻底反帝反封建反官僚资本主义的新民主主义发展阶段，经过长达28年的艰苦卓绝的英勇奋斗，最终实现了民族独立和人民解放。

与其他政治势力不同，中国共产党领导人民进行革命的目的是要实现大多数人的民主，而不是少数人的民主。在艰难困苦的革命斗争中，中国共产党坚持把马克思主义普遍真理与中国革命的具体实际相结合，先后提出了“工农民主”“人民民主”“新民主主义”等民主概念，并先后以罢工工人代表大会、农民协会、工农兵代表苏维埃、参议会、各界人民代表会议等实践和组织形式，创造适合中国国情、能够保证人民当家作主的民主政治实现形式。

延安时期，中国共产党利用相对稳定的环境，在局部区域建立抗日民主政权，积极探索和推行民主政治实践形式。陕甘宁边区政府规定：凡居住边区境内之人民，年满十八者，无阶级、职业、男女、宗教、民族、财产与文化程度之区别，经选举委员会登记，均有选举权和被选举权。因边区群众文化程度不高，文盲较多，选举时，识字的选民填选票，识字不多和不识字的用举手、划圈、划杠、划点、投豆、投纸团、燃香在纸上烧洞等方法投票。这些方法虽有些原始简单，但表现出中国共产党对民意的尊重。当时流传的一首《乡选歌》反映了群众的心声："男女都来到，会议开热闹，检讨工作真不少，全要转变好；边区要发展，选举要广泛，选举好人把事办，生活能改善……"

中国共产党在革命时期实行的民主实践，与当时国民党的独裁统治形成了鲜明对照，反映了当时绝大多数人民的意愿并得到广泛的支持和拥护。这也是中国共产党领导的革命为什么能够成功的重要原因之一。

中华人民共和国成立后，中国共产党成为执政党，人民民主制度迅速在全国范围推行，中国人民开始真正当家作主，成为国家、社会和自己命运的主人。1954年，中华人民共和国颁布实施了第一部宪法，即《中华人民共和国宪法》，把工人阶级领导的、以工农联盟为基础的人民民主专政的国家制度和人民代表大会的政体制度确立为中华人民共和国的根本政治制度，并明确规定：中华人民共和国的一切权力属于人民；人民行使权力的机关是全国人民代表大会和地方各级人民代表大会。人民代表大会制度的建立和《中华人民共和国宪法》的颁布施行，使中国人民行使当家作主的权利有了可靠的制度保障和宪法依据。

中国的社会主义民主是个新事物，也是个好事物。但这并不是说，中国的民主政治制度就完美无缺了。相反，它也需要有一个不断发展、逐步完善的过程。20世纪70年代末实行改革开放政策以来，中国共产党在深刻总结历史经验基础上，领导人民进入了社会主义民主政治建设的新时期。人民民主是社会主义的生

1949 年 10 月 1 日下午 3 时，首都北京 30 万军民云集天安门广场，隆重举行开国大典。毛泽东主席在天安门城楼上向全世界庄严宣告：“中华人民共和国中央人民政府今天成立了！”

命。没有民主就没有社会主义，就没有社会主义的现代化，就没有中华民族伟大复兴。必须坚持国家一切权力属于人民，坚持人民主体地位，支持和保证人民通过人民代表大会行使国家权力。要扩大人民民主，健全民主制度，丰富民主形式，拓宽民主渠道，从各层次各领域扩大公民有序政治参与，发展更加广泛、更加充分、更加健全的人民民主。国家各项工作都要倾听人民呼声，回应人民期待，不断解决好人民最关心、最直接、最现实的利益问题，凝聚起最广大人民的智慧和力量。要坚持共产党的领导、人民当家作主和依法治国的有机统一，持续推进社会主义民主政治制度化、规范化、程序化。所有这些，成为中国共产党和全国各族人民完善和发展社会主义民主政治的共识和前进指针。

经过数十年的不懈努力，中国社会主义民主政治建设在实践中取得了许多重大进展。人民代表大会制度、中国共产党领导的多党合作和政治协商制度、民族区域自治制度等国家民主制度不断完善和发展，城乡基层民主不断扩大，协商民主稳步推进，公民的基本权利得到尊重和保障，中国共产党民主执政能力、政府民主行政能力显著增强，司法民主体制建设不断推进。同时，随着全面依法治国的推进，在建设社会主义法治国家目标的指引下，中国的社会主义民主制度化、规范化和程序化建设不断加强，以宪法为核心的中国特色社会主义法律体系日益完善，国家在政治、经济、文化、社会生活、生态环保等主要方面基本做到了有法可依。

中国的社会主义民主制度扎根于中国的土壤，既借鉴了人类政治文明包括西方民主的有益成果，又吸收了中国传统文化和制度文明中的民主性因素。因此说，中国的社会主义民主制度是我们自己的，具有鲜明的中国特色：

一是中国的民主是中国共产党领导的人民民主。中国共产党的领导是中国特色社会主义制度的最大特征，离开了中国共产党的领导，中国社会将陷入一盘散沙甚至四分五裂的局面，什么事也干不成，更别奢谈人民当家作主了。

二是中国的民主是由最广大人民当家作主的民主。中国的民主制度深深植根于人民之中，充分体现人民当家作主的真实意愿。在中国，除了法律保障人民的民主权利不受侵犯外，国家坚持公有制为主体、多种所有制经济共同发展的基本经济制度，坚持按劳分配为主体、多种分配方式并存的分配制度。这就从经济基础上决定了中国的民主不受资本的操纵，不是少数人的民主，而是最广大人民的民主。

三是中国的民主是以民主集中制为原则的民主。这里所说的民主集中制，就是充分发扬民主，进行集体协商，使人民的意愿和要求得到充分表达和反映；在此基础上集中正确意见，进行集体决策，使人民的意愿和要求得以落实和满足。同时，民主集中制还体现了“尊重多数，保护少数”的原则，反对无政府主义，反对把个人意志凌驾于集体之上。

中国所建立的民主制度，不仅有着自身的特色，而且有着明显的比较优势。它能够有效保证人民享有更加广泛、更加充分的权利和自由，保证人民广泛参加国家治理和社会治理；能够有效调节国家政治关系，发展充满活力的政党关系、民族关系、宗教关系、阶层关系、海内外同胞关系，增强民族凝聚力，形成安定团结的政治局面；能够集中力量办大事，有效促进社会生产力的解放和发展，促进现代化建设各项事业，促进人民生活质量和水平不断提高；能够有效维护国家独立自主，有力维护国家主权、安全、发展利益，维护中国人民和中华民族的福祉。正因为有了这些比较优势，中国实现了跨越式发展，短短数十年内基本完成了工业化历程，经济持续快速发展，经济总量跃居世界第二。这些巨大成就充分说明，中国选择的民主政治发展道路符合中国的国情，是完全正确的。

西式民主失败的他山之石

西方民主模式是在西方社会内部生成的，已经运行了几百年，应该说是比较成熟的。这是否意味着，西方民主就具有普世价值？就可以直接嫁接到任何民族任何国家？显然，这种想法是十分天真的。

20世纪中叶前后，几乎大多数的亚非拉国家在民族革命后，都选择了以西方民主政治模式为模板，建立起自己的政权，以图像西方发达国家那样实现自己国家的现代化。这种美好的愿望是可以理解的，因为当时可供广大发展中国家选择的民主政治模式很少，再加上西方强推他们的民主选举制度，中小国家总的来说只能被动或主动接受。

今天再回过头来看，这些国家除了极少数走上了现代化道路并较为稳定外，其余国家和地区大多数都产生了无穷无尽的党争，走向了不负责任又没有效率的多元政治和政党国家化，其政府形式变成了介于民主与威权之间的混合物，又因国家治理模式失灵而遭遇失败和坎坷，为照搬照抄西方民主付出了沉重代价。更可悲的是，绝大多数中小国家除了延续这种制度模式，想搞政治体制摸索和创新基本上都没有可能。

这些国家的政治转型如此失败，以致于很快又爆发了“颜色革命”，形成了内外联动的政治拉锯战，酿成严重的社会冲突，甚至直接被拖入战争的深渊。

美国宾州大学教授爱德华·曼斯菲尔德和哥伦比亚大学教授杰克·施奈德在他们合著的《选举到厮杀：为什么新兴民主国家走向战争》一书中指出：整个20世纪90年代，许多国家举行自由选举后，便立即进入战争状态，亚美尼亚和阿塞拜疆、厄瓜多尔和秘鲁、埃塞俄比亚和厄立特里亚都在选举民主的旗帜下兵戎相见，引发内部冲突或外部战争。此外，布隆迪—卢旺达的大屠杀导致100多万人丧生，整个南斯拉夫解体过程中的战争造成了20多万人死亡，成为欧洲第二次世界大战后死亡人数最多的战争。在这些国家和地区，民主不是以常态出现，而是与“暴政”相伴生，面目狰狞、令人恐怖。

进入21世纪后，在民主旗帜下发生的“颜色革命”，也给中东和东欧国家带来了无序的痛苦和无尽的烦恼。东欧国家乌克兰就是受害者之一。乌克兰原本是一个有着深厚工业基础同时又号称“欧洲粮仓”的国家。但是，现在的乌克兰被认为是一个治理失败的国家。这一切都源于一场“颜色革命”。2004年10月，乌克兰进行总统大选，美国大力支持亲美的反对派候选人尤先科，通过非政府组织派出了数百名选举问题专家为尤先科出谋划策。在第二轮选举中，时任总理亚努科维奇得票49.53%，尤先科得票46.66%。这一结果显然不能让美国满意，于是中情局发动了铺天盖地的宣传攻势，声称亚努科维奇获胜是舞弊所致。舆论造势后，中情局在乌克兰发起了名为“波拉”的青年运动，将数以万计的乌克兰年轻人聚集在首都基辅的独立广场上。他们高呼支持反对派的口号，将“颜色革命”推向高潮。参与集会的人多是对现状不满的年轻人，尤其是容易受到蛊惑的大学生。他们反对的焦点集中在所谓的欺骗性选举上，而这样的街头运动被美国合法化为“更大的民主”运动。持续了多年的“颜色革命”对乌克兰造成了巨大破坏。“颜色革命”之后，乌克兰国内局势动荡不安，人均GDP从2014年的4000美元下滑到2018年的3000美元。政治乱局和经济低迷让乌克兰人口大量减少，外流人口增多，全国人口从1991年的5200万人下降为2018年的4400万人。

那么，为什么西方民主模式在很多发展中国家会失灵？这主要有两方面原因：一方面，西方“一人一票”的议会民主是在西方特定的历史条件下，在长期的历史过程中逐渐演变过来的，它与西方的政治、经济、文化、历史形成有机的相互联系、相互制约。但是，西方民主政治所需要的有效运行条件在很多发展中国家都不完全具备。另一方面，很多发展中国家内部民族矛盾复杂，经济处于困境之中，试图单纯以政治改革进行破局，推动国家的变革与发展。事实上，选举民主表面上热闹、繁荣，却无法提供足够的政治资源解决深层次问题，更无法为避免政治上反复折腾提供保险阀。因而，无视一个国家或地区的具体情况，在宽容的政治文化和法治的社会形成之前，推行大规模的西方选举民主模式，其结果往往令人沮丧，甚至是灾难性的。

除上述两个因素外，西方民主本身也存在很多瑕疵，甚至是致命性缺点。美国著名经济学家杰弗里·萨克斯在出席雅典“民主论坛”时，曾尖锐地痛斥西方民主制度。他说，英美虽然自称是“民主国家”，并且伪装出一副“良善”的模样，但实际上，截至19世纪，“世界上最为残暴的国家”非英国莫属。英国对内实行民主，对外却大肆挥舞帝国主义的屠刀。而1950年以后，这个名号便落在了美国的头上。美国不仅国内充斥着种族主义，对外也一直奉行霸权主义。

因而，尽管民主是个好东西，但西方民主模式并非普世价值。历史与现实反复印证这样一个道理：一个国家实行什么样的政治制度，走什么样的民主道路，要与一国的国情相适应。中国的社会主义民主政治，植根于中华民族几千年来赖以生存和发展的广阔沃土，产生于中国共产党和中国人民为争取民族独立、人民解放和国家富强而进行的伟大实践，是适合中国国情和社会进步要求的选择。

第二章

中国的人民代表大会是全过程人民民主的载体

当今中国实行的是人民代表大会制“一院制”，而不是西方国家实行的两院制。其实，到底是“一院制”好，还是“两院制”好，在中国也曾有过一段时间的讨论。最终，中国根据自己的国情，选择实行“一院制”。那么，中国的“一院制”是如何形成的？它与西方的两院制有什么区别？作为最高权力机关，中国的人民代表大会是如何体现全过程人民民主的？

中国特色的“一院制”的形成

在中国建立什么样的国家政权及其组织形式，是近代以后中国人民面临的一个历史性选择。为此，中国共产党领导中国人民在实践中进行了艰辛探索，并历史性地创建了充分体现人民真实意愿的人民代表大会制度。

早在土地革命时期，随着革命根据地的扩大和稳固，中国共产党正式建立起保障根据地人民群众行使民主权利的代表会议。1931年11月，中华苏维埃（工农兵）第一次全国代表大会在江西瑞金召开，参加会议的都是经过选举产生的各个方面的代表，共计600多人。这次会议通过的《中华苏维埃共和国宪法大纲》规定：“中华苏维埃所建设的，是工人和农民的民主专政国家。苏维埃政权是属于工人、农民、红色战士及一切劳苦民众的。”“中华苏维埃共和国之最高政权，为全国工农兵苏维埃代表大会。”《宪法大纲》还对中央苏维埃的权限、地方苏维埃等作出了规定。可以说，这是当今中国的人民代表大会制度的最初雏形，具有开创性意义。

日本全面侵华战争爆发后，中国共产党为争取中间力量共同

中华苏维埃共和国临时中央政府旧址。1931 年 11 月，中华苏维埃共和国临时中央政府在这里宣布成立。

抗击日本帝国主义，中国共产党在根据地探索建立了具有更广泛代表性的参议会制度。1937年7月，中国共产党领导的陕甘宁边区各区县广泛发动人民选举参议员，召开参议员大会。此后，参议会制度逐渐替代中华苏维埃（工农兵）代表会议制度，成为最基本的政权组织形式。1939年初，陕甘宁边区召开边区第一届参议会第一次会议，选出了议长、副议长，政府主席、副主席，制定了施政纲领。不仅如此，中国共产党还在政权组织形式上作了变动，实行“三三制”，即在政权机构和民意机关的人员名额分配上，代表工人阶级和贫农的共产党员、代表和联系广大小资产阶级的非党左派进步分子和代表中等资产阶级、开明绅士的中间分子各占三分之一。周恩来曾评价：在解放区的抗日民主政权中实行的“三三制”就是各级代表会议制度，是真正的民主制度。

随着实践的发展和经验的积累，中国共产党对国家政权组织形式有了更完整、更成熟的认识，其代表性思想集中体现在毛泽东发表的《新民主主义论》。在这部著作中，毛泽东明确提出了“人民代表大会”这样一个崭新的概念。他说：中国现在可以采取全国人民代表大会、省人民代表大会、县人民代表大会、区人民代表大会直到乡人民代表大会的系统，并由各级代表大会选举政府。但必须实行无男女、信仰、财产、教育等差别的真正普遍平等的选举制，才能适合于各革命阶级在国家中的地位，适合于表现民意和指挥革命斗争，适合于新民主主义的精神。这些论述已经勾勒出人民代表大会的轮廓。按照这样一种国家政权组织形式的新设想，1949年9月，中国人民政治协商会议通过的《共同纲领》正式确认建立人民代表大会制度。

但在中华人民共和国成立之初，召开普选的人民代表大会条件还不具备，民主政治建设是从创造和运用各界人民代表会议这种组织形式开始的。1949年8月9日至14日，北平市第一届各界代表会议在中山公园中山纪念堂举行。著名社会学家费孝通参加了这次会议，他曾这样说："这6天课里学到的抵过了过去6年，甚至30多年。30多年来我所追求的梦想的，在这6天里得到了。这是什么呢？是民主。"

毛泽东对北平市召开第一届各界人民代表会议高度重视。8月13日，他出席会议并讲话："一俟条件成熟，现在方式的各界人民代表会议即可执行人民代表大会的职权，成为全市的最高权力机关，选举市政府。"

中央人民政府成立后头一个月，毛泽东先后向各中央局、分局批转了上海松江县、华北各城市召开各界人民代表会议的经验，要求"请即通令所属一律仿照办理"。毛泽东指出，如果全国一千几百个县都能开起全县各界人民代表会议，并能开得好，"那就会对于我党联系数万万人民的工作，对于使党内外广大干部获得教育，都是极重要的"。

随着全国范围普选条件的成熟，1954年第一届全国人民代表大会召开并颁布第一部新宪法，全国人民代表大会由此成为最高国家权力机关。其间，在制定"五四宪法"时，也曾有人提出实行"两院制"，一院是人民代表大会，一院是人民政治协商会，但这个提议很快就被否决了。

中国之所以不实行"两院制"，而是实行人民代表大会制度，除了历史上的原因外，更多的是考虑到中国的国家性质以及自身的国情。

其一，中国的人民代表大会反映了中国的国家性质。一个国家的性质是这个国家的国体，一个国家的政权组织形式是这个国家的政体。通常来讲，一个国家的政权组织形式必然反映其国家

位于浙江省杭州市的“五四宪法”历史资料陈列馆。这里是中华人民共和国第一部宪法——1954 年宪法的起草地。

性质。对于很多中国人来说，西方国家普遍实行的“两院制”并不陌生。所谓“两院制”，简单地说就是把议会分成两个部分，由它们共同行使议会的权力。大多数资本主义国家都采用这种制度。两院的名称各国不同，如美国叫众议院、参议院；英国叫下议院（或平民院）、上议院（或贵族院）；法国叫国民议会、共和国参议院；印度叫联邦院、人民院等。上议院议员有的由间接选举产生，有的由元首指定，有的是终身制，有的是世袭制等。上议院往往是保守力量的代表，它一般都有权否决或延缓下议院所通过的法案，从而牵制下议院。下议院议员一般是直接选举产生。这种政体的设计，是与西方国家所奉行的行政、立法、司法“三权分立”原则相适应的。在中国，人民当家作主是中国社会主义民主的本质和核心。人民代表大会制度不仅能够实现人民当家作主的民主权利，而且与中国人民民主专政的国体相适应，体现了人民真实的意志。

其二，中国的人民代表大会制度体现了中国的民主集中制组织原则。在人民代表大会制度安排下，中国的整个国家机构按照一切权力属于人民和民主集中制的原则组成和运转。具体来说，就是按照法定的程序，由选区选民或者选举单位在民主选举的基础上产生各级人大代表，组成各级人民代表大会，即国家权力机关，再由其产生其他国家机关，行使国家权力；各个国家机关以及中央与地方合理地划分职能，在中央统一领导下充分发挥地方的主动性、积极性，使国家权力既避免过分集中又避免不必要的牵扯，从而保证国家各项工作有序、高效地进行。

同时，在中国各级人民代表大会内部，没有平起平坐的机构。人民代表大会的常委会只是人民代表大会的常设机构，隶属于人民代表大会，受人民代表大会的领导和监督，每年至少要向人民

2022 年 3 月 5 日，第十三届全国人民代表大会第五次会议在北京人民大会堂开幕。

代表大会报告一次工作。由此可见，中国的人民代表大会既是民主的，又是集中的，是在宪法和法律指导下的民主，在广泛民主基础上的集中，有效规避了“两院制”下的各种政治纷争和乱象。

其三，中国的人民代表大会制度体现了中国统一的多民族国家的基本国情。中国是一个统一的多民族的国家，实行的是民族区域自治制度。在处理中央与地方关系的问题上，强调在中央统一领导下，充分发挥地方主动性积极性的原则，从调动中央和地方的积极性出发，将中央与地方的利益关系有机地协调起来。实行人民代表大会“一院制”，既能够有效地保证国家的高度统一，又能够兼顾少数民族地区的利益，是一种比较理想的制度安排。

此外，在西方国家，有些人常把中国的人民政治协商会议比作西方“两院制”议会的上议院。这实际上是一种误解。毛泽东曾经说过，中国的全国人民代表大会和国务院是国家权力机关和国家行政管理机关，如果把人民政治协商会议也搞成国家权力机关，那么中国实行的民主集中制这个根本性的组织原则就讲不通了。因而，在中国，人民政治协商会议并不行使国家机关的职权，只是作为参政议政的机构。后文将会对此详细介绍。

人民代表大会不同于西方议会

人民代表大会制度作为中国的根本政治制度，体现了国家一切权力属于人民，体现了中国共产党的领导地位和执政地位，体现了中国社会主义国家性质。这就决定了中国的人民代表大会制度与西方的议会民主制有着很大的不同，具有自身鲜明的特点，有着自己明显的优势。

2019 年 3 月 5 日，参加第十三届全国人民代表大会第二次会议的少数民族代表步入会场。

中国的人民代表大会制与西方的议会民主制是各自政党政治制度的现实反映。中国的政党制度是中国共产党领导的多党合作和政治协商制度，中国共产党是领导核心，是执政党；各民主党派是由中国共产党领导的、与共产党长期合作共事的参政党，不是在野党，更不是反对党。西方资本主义国家实行的是多党制或两党制，有执政党，有反对党和在野党，各党派明争暗斗，无论哪个党派上台执政，都不可能真正代表人民利益，都是极力维护自己及其代表的利益集团的利益。西方议会无论是一院制还是两院制，都是持有不同政见的各党派争夺权力的场所。中国的人民代表大会是中国共产党对国家和社会事务实施领导的国家权力机关。县乡人大代表是按选区直接选举产生的。县级以上人大代表实行间接选举，按照选举单位组成代表团参加代表大会。也就是说，在中国的人民代表大会中没有议会党团，也不以界别开展活动。中国的人民代表大会常务委员会也是由代表大会选举产生，它的各专门委员会均依法设立，并根据工作需要由代表大会或常委会任免其组成人员。无论是人民代表大会，还是常委会或专门委员会，都不是按照党派分配席位。人大代表、常委会组成人员、专门委员会组成人员，无论是共产党员，还是民主党派成员或者无党派人士，肩负的都是人民的重托，都在中国共产党领导下依法履行职责，为人民服务，其根本利益是一致的。大家合作共事，没有西方议会中各党派的明争暗斗，而是充分发扬民主，集思广益，在充分协商、基本达成共识的基础上，按照多数人的意见作出决定。

中国的人民代表大会和“一府两院”的关系与西方国家的行政、司法、立法机关之间的关系也有着实质性的区别。中国是由人民代表大会统一行使国家权力，“一府两院”由人民代表大会产生，对人民代表大会负责，受人民代表大会监督。各国家机关虽然分工不同、职责不同，但目标是完全一致的，都是在中国共产党领导下，在各自职权范围内贯彻落实党的路线方针政策和宪法法律，为建设中国特色社会主义服务。这与西方国家议会、政府、法院“三权鼎立”有着本质区别。人民代表大会与“一府两院”不是相互掣肘，不是唱对台戏。人民代表大会统一行使国家权力，但不代行行政权、审判权、检察权。人民代表大会根据中国共产党的主张和人民的意愿，通过制定法律、作出决议，决定国家大政方针，并监督和支持“一府两院”依法行政、公正司法，保障各国家机关协调有效地开展工作，把人民赋予的权力真正用来为人民谋利益。

中国的人民代表大会代表与西方议会议员所担负的职责也不相同。中国的人民代表大会代表，来自中国各地区、各民族、各行各业，中国的工人、农民、知识分子、解放军和妇女、归国华侨等都有适当比例的代表，人口再少的民族也都有代表，因而具有十分广泛的代表性。中国的人民代表大会代表，工作和生活在人民中间，同人民群众保持着密切联系，对人民群众的生活和愿望感受最直接。中国的人民代表大会代表，从事各自的职业，有各自的工作岗位，深入实践、贴近实际，对国家的方针政策、宪法法律的贯彻实施情况体会最深刻，对现实生活中的实际问题了解最深入。中国的人民代表大会代表，是在人民代表大会召开期间依法集体行使职权，而不是每个代表直接去处理问题，中国的各级人大常委会办事机构是代表的集体参谋助手和服务班子。与中国的人民代表大会代表不同，西方议院议员都是职业政客，分别代表某党某派的利益，还有自己的议员助手和工作班子。他们之间有时会进行某种合作，但大多时候是相互对立的。

还需要指出的是，西方议院是由各不同党派的议员组成，往往是党派人数较多的一方控制着议院的议题，很多时候相互间难以达成共识，容易陷入掣肘的僵局，严重影响国家的政策决策

人大代表是国家权力机关的组成人员，代表人民利益和意志，参加行使国家权力。各级人大代表通过出席会议、提出议案和建议、参加选举和表决等依法履行职责，发挥代表作用。图为 2018 年 1 月，在河北省大厂回族自治县永安里社区人大代表联络站，县人大代表韩福胜（左三）听取居民意见。

与实施效率。反观中国的人民代表大会，其制度核心所在就是坚持中国共产党的领导。中国共产党是中国特色社会主义事业的领导核心。中国有14亿多人口、56个民族，经济要发展，政治要稳定，文化要繁荣，社会要和谐，民族要团结，老百姓要过上好日子，没有一个坚强的领导核心是不行的。正是因为坚持中国共产党的领导，中国的人民代表大会行使国家权力时展现出很高的效率，与其他国家机构之间相互配合，共同推动国家机器高效运行，为中国经济社会快速发展提供了保障。

中国最高权力机关的运行

人民代表大会制度是中国人民当家作主的根本政治制度。为保障人民当家作主的权利得到真正的落实，中国的人民代表大会设计了一套全过程人民民主的运行机制。

中国的人民代表大会代表都由民主选举产生，对人民负责，受人民监督。中国宪法规定，年满18周岁的公民，不分民族、种族、性别、职业、家庭出身、宗教信仰、教育程度、财产状况、居住期限，除依法被剥夺政治权利的人外，都有选举权和被选举权。中国的县、乡两级人民代表大会代表都由选民直接选举产生，多年来享有选举权和被选举权的人数占18周岁以上公民人数的99%以上，参选率在90%左右。根据中国的实际情况，目前县以上的各级人民代表大会代表通过间接选举产生，即由下一级人民代表大会选举产生上一级人民代表大会代表。无论直接选举，还是间接选举，都依法实行差额选举。选民和选举单位有权依照法律规定的程序，罢免或撤换自己选出的代表。代表有权依法提出

2011 年 11 月 8 日，北京市朝阳区 100 岁的张孟献老人在家里将选票投进流动票箱，投票选举北京市区县人大代表。

议案、审议各项议案和报告、对各项议案进行表决，其在人民代表大会各种会议上的发言和表决受法律保护。

中国的人民代表大会每届任期五年。其中，全国人民代表大会会议每年举行一次，地方各级人民代表大会会议每年至少举行一次。中国选举法规定，全国人民代表大会代表名额不超过3000人。由于全国人民代表大会代表人数较多，不便经常开会议事，所以根据宪法规定，全国人民代表大会设立了常务委员会，在全国人民代表大会闭会期间行使最高国家权力机关的职能。全国人民代表大会常务委员会一般每两个月举行一次会议。全国人民代表大会常务委员会由委员长、副委员长若干人、秘书长、委员若干人组成。中国的县级以上地方各级人民代表大会也设立常务委员会，全国各级常务委员会组成人员由人民代表大会在代表中通过差额选举产生，每届任期同各级人民代表大会相同。

中国的人民代表大会注重发扬民主，集思广益，代表和反映人民的意志和根本利益。中国的人民代表大会及其常务委员会表决各项议案实行绝对多数原则，即全体成员的过半数赞成才能通过。全国人民代表大会对宪法的修改，须由全体代表的三分之二以上的多数通过。同时，中国的人民代表大会及其常务委员会举行会议时，国家有关部门负责人可以列席会议，有关部门和个人也可以旁听会议。列席会议人员有发言权，无表决权。旁听人员没有发言权，如果他们对人民代表大会常务委员会正在审议的议案有意见，可以书面形式向常务委员会工作机构提出。

中国的人民代表大会拥有立法、监督、人事任免、重大事项决定等四项权力。这也是中国人民通过人民代表大会制度行使当家作主权利的主要体现。

中国的人民代表大会行使立法权。中国宪法规定，全国人民

2011 年 12 月 3 日，安徽省合肥市第八中学的学生侯晓强在他 18 岁生日这天参加了合肥市庐阳区人大代表投票选举，以特殊的方式庆祝自己的成人礼。

代表大会和全国人民代表大会常务委员会行使国家立法权，主要是修改宪法，制定和修改刑事、民事、国家机构的和其他的基本法律。地方人民代表大会及其常务委员会根据本行政区域的具体情况和实际需要，在不与国家宪法、法律、行政法规相抵触的前提下，可以制定地方性法规。民族自治地方的人民代表大会还有权依照当地民族的政治、经济和文化特点，制定自治条例和单行条例，对法律、行政法规的规定作变通。

近年来，中国的立法民主不断向前推进。几乎每一件法案的起草都采取专家座谈会、论证会等形式，听取专家的意见。部分法案还由立法机构直接委托社会研究部门起草。对于调整重要社会关系的立法项目，地方人大常委会还经常召开听证会，让不同利害关系方发表意见。中国在制定宪法修正案、婚姻法修正草案、合同法草案、物权法草案、民法典等多项关系到人民切身利益的重要法律案时，都把草案向全民公布以征求意见。人民群众直接参与法律的制定，使法律能够充分体现人民的意愿和要求，同时也增强了全社会的法律意识，使法律通过后能够比较顺利地执行。

建立基层立法联系点制度，是中国立法民主最具代表性的成功案例。2015年7月，全国人大常委会把上海市虹桥街道办事处、甘肃省临洮县人大常委会、江西省景德镇市人大常委会、湖北省襄阳市人大常委会设为首批基层立法联系点试点单位。自此，一种全新的、立足基层人民群众直接参与国家立法的民主立法形式应运而生，成为除网上公布法律草案向社会公众征求意见、向部门和地方发函征求意见，以及立法调研、座谈会、听证会、论证会等形式之外的新的群众有序参与国家立法的有效形式，并初步形成国家级、省级、设区的市（自治州）级基层立法联系点三级联动的工作体系，在实践中逐渐迸发出强大活力。

2019年11月初，习近平总书记到上海市虹桥街道考察，充分肯定了全国人大常委会基层立法联系点在接地气、聚民智方面所作的有益探索，指出“我们走的是一条中国特色社会主义政治发展道路，人民民主是一种全过程的民主”，强调“人民代表大会制度是我国的根本政治制度，要坚持好、巩固好、发展好，畅通民意反映渠道，丰富民主形式”。习近平总书记在上海市虹桥街道办事处基层立法联系点首次提出“全过程民主”，生动诠释和肯定了基层立法联系点在发展全过程人民民主中的重要作用和意义。

中国的人民代表大会行使监督权。监督宪法和法律的实施，是全国人大及其常委会行使监督权的主要内容。这种监督的基本形式是执法检查、法规备案审查。进行执法检查和备案审查，目的在于撤销违反宪法和法律的法规、规章，督促有关制定机关纠正不适当的条文，对保障国家法制统一具有重要的作用。

监督同级政府和法院、检察院的工作，是中国的人民代表大会及其常务委员会行使监督权的另一项重要内容。听取和审议“一府两院”的工作报告，是中国的人民代表大会及其常务委员会进行工作监督的基本形式。人民代表大会举行会议时，同级人民政府、人民法院、人民检察院向大会报告工作，人民政府还须向大会提出预算草案、国民经济和社会发展计划草案，预算草案须经大会审查批准。人民代表大会常务委员会召开会议时，经常就关系改革发展稳定全局的重大问题和同人民群众切身利益密切相关的热点难点问题，听取有关专题工作报告或汇报。

中国的人民代表大会行使人事任免权。中国的人民代表大会及其常务委员会有权选举、决定、任免、撤换、罢免有关国家机构组成人员。全国人民代表大会选举国家主席、副主席，中央军

2018 年 7 月 10 日，十三届全国人大常委会第四次会议举行联组会议，就大气污染防治法执法检查报告进行专题询问。

事委员会主席；根据国家主席的提名，决定国务院总理的人选；根据国务院总理的提名，决定国务院副总理、国务委员、各部部长、各委员会主任、审计长、秘书长的人选；根据中央军事委员会主席的提名，决定中央军事委员会其他组成人员的人选；选举最高人民法院院长、最高人民检察院检察长。地方各级人民代表大会依法认真履行对地方有关国家机构组成人员的选举、决定、任免、撤换、罢免。

中国的人民代表大会行使重大事项决定权。全国人民代表大会依据宪法有权批准省、自治区、直辖市的建置，决定特别行政区的设立及其制度，决定战争与和平的问题，以及其他重大事项。对经济和社会发展中的重大问题，如城市规划、环境保护、重大工程项目论证，均须人民代表大会作出决议后方可实施。

实践充分证明，人民代表大会制度是符合中国国情、体现中国社会主义国家性质、保证中国人民当家作主的根本政治制度。它保证全过程人民民主有效运转，使得国家和民族的前途命运真正掌握在人民的手里。

第三章

中国新型政党制度是一项政治创造

中国共产党是中国唯一的执政党，由此外界常常误以为中国是一个一党制国家。其实不然，与世界其他国家实行的多党制、两党制、一党制不同，中国实行的是中国共产党领导的多党合作和政治协商制度。这是一种具有中国特色的新型政党制度，也是一项伟大的政治创造，与中国的国家性质及国情相适应。

中国新型政党制度模式的形成

在当代中国，除中国共产党外，还有哪些党派？它们又是什么时候建立起来的呢？

当今中国，共有八个民主党派，分别是中国国民党革命委员会、中国民主同盟、中国民主建国会、中国民主促进会、中国农工民主党、中国致公党、九三学社和台湾民主自治同盟。这八个民主党派都诞生于20世纪三四十年代，并且从一开始就与中国共产党建立了互济互助的合作关系。在新民主主义革命时期，各民主党派与中国共产党相互合作、相互支持，共同为实现民族解放和人民民主进行了不懈的奋斗。

中国共产党在领导新民主主义革命走向胜利的伟大斗争中，确立了在中国各革命力量中的核心领导地位。各民主党派、无党派民主人士在长期实践中经过比较，自觉地、郑重地选择了接受中国共产党的领导。1948年4月，中国共产党提出召开新政治协商会议、成立民主联合政府的主张，得到各民主党派和无党派民主人士热烈响应。

1948年5月5日，中国国民党革命委员会领导人李济深、何香凝，中国民主同盟领导人沈钧儒、章伯钧，中国民主促进会领导人马叙伦、王绍鏊，中国致公党领导人陈其尤，中国农工民主党领导人彭泽民，中国人民救国会领导人李章达，中国国民党民主促进会领导人蔡廷锴，三民主义同志联合会领导人谭平山，无党派民主人士郭沫若，联名致电中共中央主席毛泽东，并转解放区全体同胞。电文指出：

“南京独裁者窃权卖国，史无先例。近复与美帝国主义互相勾结，欲以伪装民主，欺蒙世界。人民虽未可欺，名器不可假借。当此解放军队所至，浆食集于道途，国土重光，大计亟宜早定。同人等盱衡中外，正欲主张，乃读贵党五一劳动节口号第五项：‘各民主党派、各人民团体及社会贤达，迅速召开政治协商会议，讨论并实现召集人民代表大会，成立民主联合政府’，适合人民时势之要求，尤符同人等之本旨，曷胜钦企。除通电国内外各界暨海外侨胞共同策进完成大业外，特此奉达，即希赐教。”

“五五通电”犹如巨石激起千层浪，迅速传遍全国全世界。各民主党派、海外爱国华侨纷纷以各种方式发表通电、宣言和声明，公开表示愿意在中国共产党的领导下，共同为建立新中国而奋斗。1949年9月中国人民政治协商会议的召开，标志着中国共产党领导的多党合作和政治协商制度正式确立，中国共产党与各民主党派和无党派民主人士共同参加新中国国家政权建设。

中华人民共和国成立后，各民主党派与执政的中国共产党建立起密切的政治联盟，各自联系社会主义劳动者、社会主义事业建设者及拥护社会主义的爱国者，共同为中国社会主义建设和中华民族伟大复兴进行长期奋斗。1956年，毛泽东在总结中国共产党与各民主党派长期合作的历史经验和国际共产主义运动的教训时说：“究竟是一个党好，还是几个党好？现在看来，恐怕是几个党

1949 年 9 月 21 日至 30 日，中国人民政治协商会议第一届全体会议在北平中南海怀仁堂举行，标志着中国共产党领导的多党合作和政治协商制度正式确立。

好。不但现在如此，而且将来也可以如此，就是长期共存，互相监督。”“这对党，对人民，对社会主义比较有利。”“长期共存，互相监督”被确立为中国共产党与各民主党派关系的政治原则。

除了历史原因，中国之所以选择实行中国共产党领导的多党合作制，也是基于对其他政党制度的经验教训的考量。

国民党“一党制”的失败教训。1927年，蒋介石在南京成立“国民政府”，开始疯狂进行独裁统治。抗日战争胜利前夕，国民党全面推行和发展一党专制。1946年召开政治协商会议，国民党试图在中国推行一党专制的主张遭到强烈反对。1949年，随着南京解放，国民党在中国大陆一党独裁的统治最终幻灭。

西方国家政党制度的缺陷。西方国家普遍实行多党制或两党制，其特点是通过竞选由获得多数议席或当选总统的政党（或联合党）组建政府成为执政党，竞选失败的政党则成为反对党。政党之间是竞争而非合作关系。邓小平指出，西方政党通过互相倾轧的竞争状态，维护少数人、少数集团利益，而非代表最广大劳动人民的利益；同时，在资本主义国家，人们没有共同的理想，这使它们每个国家的力量不可能完全集中起来，很大一部分力量互相牵制和抵消。

苏联“一党制”的弊端。苏共是列宁缔造的无产阶级革命政党，历经百年沧桑，从一个弱小的在野党，领导俄国革命取得胜利，成为世界上第一个社会主义国家的执政党。在取得反法西斯战争胜利后，在苏共的领导下，苏联成为两极格局中的一极，成为一个能与世界头号强国争霸的超级大国。然而，从1917年领导十月革命取得胜利后，苏共成为苏联唯一的政党，缺乏其他监督的力量，缺乏纠正错误的机制。苏联最终的解体，也与此有关。

正是由于历史与现实的种种原因，中国共产党从自身国情与实际出发，创造性地设立了当今中国的新型政党制度。与其他政党制度不同，在中国的政党制度框架下，中国共产党与各民主党派之间不存在竞争关系，也不存在竞选行为，更不存在政党的轮替执政。邓小平指出，“在中国共产党的领导下，实行多党派的合作，这是我国具体历史条件和现实条件所决定的，也是我国政治制度中的一个特点和优点”。

中国新型政党制度的独特性

中国共产党领导的多党合作制，是中国的一项基本政治制度。这种新型的政党制度是怎么运行的？中国共产党和各民主党派之间的关系如何呢？

在中国新型政党制度设计中，中国共产党处于领导和执政地位。中国共产党的领导地位是在长期革命、建设、改革实践中形成并巩固起来的，是历史的选择、人民的选择。

中国共产党的领导地位是在领导人民进行残酷革命斗争中确立起来的。一切反动势力从来没有对中国共产党发过善心。他们一直视中国共产党为“洪水猛兽”，要斩尽杀绝。据不完全统计，仅从1927年3月至1928年上半年，就有2.6万共产党员遭受国民党反动派屠杀。土地革命战争一再遭受严重挫折，红军在长征途中濒临绝境。中国共产党独立自主召开的遵义会议改组中央领导机关，事实上确立了毛泽东同志在党中央和红军的领导地位，开始确立以毛泽东同志为主要代表的马克思主义正确路线在党中央的领导地位，才挽救了革命挽救了党。

在中华人民共和国成立之初，美国侵略者就将战火烧到鸭绿江边，妄图将新生的人民共和国扼杀在襁褓里。经过2年多的军事和政治较量，中国人民抗美援朝战争取得伟大胜利，中华人民共和国才站稳脚跟。

中华人民共和国成立70多年来，中国共产党不忘初心、牢记使命，团结带领全国各族人民战胜了一个又一个艰难险阻，创造了世所罕见的经济快速发展奇迹和社会长期稳定奇迹，中华民族迎来了从站起来、富起来到强起来的伟大飞跃。

历史充分证明，没有中国共产党，就没有新中国，就没有中华民族伟大复兴。中国共产党领导是中国特色社会主义最本质的特征，是中国特色社会主义制度的最大优势，是党和国家的根本所在、命脉所在，是全国各族人民的利益所系、命运所系。这是中国各族人民在长期革命、建设、改革实践中形成的政治共识。

在中国新型政党制度设计中，八个民主党派是中国的参政党。中国的各民主党派作为各自所联系的一部分社会主义劳动者、社会主义事业建设者和拥护社会主义爱国者的政治联盟，属于人民的范畴。他们在中国共产党的领导下参政，是人民民主的重要体现。民主党派参政的基本点是：参加国家政权，参与国家大政方针和国家领导人选的协商，参与国家事务的管理，参与国家方针政策、法律法规的制定和执行。参政党的地位和参政权利受到宪法和法律的保护。

中国共产党与各民主党派形成了团结合作的新型政党关系。中国共产党与各民主党派在长期的共同奋斗中，形成了亲密的友党关系。中国共产党的基本理论、基本路线、基本纲领、基本经验得到各民主党派的认同，建设中国特色社会主义成为中国各政党的共同目标。在保持宽松稳定、团结和谐的政治环境中，中国共产党与各民主党派实行广泛的政治合作，尊重、维护和照顾同盟者的利益，团结他们一道前进。

中国共产党与各民主党派的合作具有广泛的内容。中国共产党就重大方针政策和重要事务同各民主党派进行政治协商，实行相互监督。各民主党派成员在国家权力机关中占有适当数量，依法履行职权。各民主党派成员担任国家及地方人民政府和司法机关的领导职务；各级人民政府通过多种形式与民主党派联系，发挥他们的参政议政作用。各民主党派通过人民政协参加国家重大事务的协商。中国共产党支持民主党派参加改革开放和社会主义

2018 年 3 月 6 日，全国政协十三届一次会议举行记者会，民主党派中央和全国工商联领导人回答记者提问。

现代化建设。可以说，为经济社会发展服务，是各民主党派履行参政党职能的重要内容，是中国多党合作制度的一大特色。

中国共产党与各民主党派互相监督。这种监督是通过提出意见、批评、建议的方式进行的政治监督。由于中国共产党处于领导和执政地位，更需要来自民主党派的监督。民主党派民主监督的内容是：国家宪法和法律法规的实施情况；中国共产党和政府重要方针政策的制定和贯彻执行情况；中国共产党各级党委的工作和中共党员领导干部履行职责、为政清廉等方面的情况。民主党派的监督，对于加强和改善中国共产党的领导、健全社会主义监督体系，有着重要而独特的作用。

综上所述，中国的多党合作制度创立了一种新型的政党制度形式，在世界政党制度中独具特色。中国共产党同各民主党派既亲密合作又互相监督，而不是互相反对。中国共产党依法执政，各民主党派依法参政，而不是轮流执政。这一制度与人民代表大会制度相适应，实现人民当家作主，而不是少数人的民主。

中国新型政党制度的比较优势

中国共产党没有盲目照搬西方政党制度，也没有放弃各民主党派实行一党制，而是从国情出发设计适合自己的独特的政党制度。与其他政党制度相比较，这种新型政党制度具有鲜明的特点与优势。

这种新型政党制度，可以有效整合全社会的力量。实现有效整合是政治进步、社会发展的必要条件。在现代社会，政党制度是实现政治整合和社会整合的重要机制。中国是有着约960万平方公里国土、14亿多人口、56个民族的发展中大国。在这样一个幅员辽阔、人口众多的多民族国家进行现代化建设，必须有效进行政治整合和社会整合。中国政党制度把中国共产党的领导与民主党派、无党派人士的合作紧密结合起来，形成强大的整合功能。中国共产党的坚强领导，提供了强大的整合力量；各民主党派和无党派人士的政治合作，扩大了整合的边界和张力，进一步强化了中国政党制度的整合功能，使中国政党制度成为有着强大动员力、决策力、执行力和凝聚力的制度。同时还要看到，同原发性国家的现代化道路不同，中国经济社会发展具有后发赶超性质。因此，必须通过国家的主导作用，通过上层建筑的力量，自上而下强有力地引导和组织经济社会的各种要素，朝着现代化目标协力前进。中国实现现代化的艰巨性、复杂性，必然要求政治体系和政党制度具备强大的整合功能，成为推进国家现代化、实现国家统一和人民团结、有效化解改革发展中各种矛盾、维护国家安全与社会和谐稳定的强大制度力量。中国政党制度正是这样一种具有强大整合功能的政党制度。反观实行两党制、多党制的一些国家，其政党制度不但未能有效整合社会，反而撕裂了社会。

这种新型政党制度，可以发挥民主的最大动能。民主是人类政治文明发展的重要标志。从中国社会制度的性质出发，中国的民主政治建设既遵循人类政治文明发展的普遍规律和共同要求，又具有自身的内在特色，其目标模式是实现中国共产党的领导、人民当家作主、依法治国有机统一。中国政党制度是人民民主的重要制度载体和实现形式之一，其民主功能主要体现在：一是中国的政党制度为各民主党派、无党派人士的政治参与开辟了制度化渠道，强化了公共政策决策中的协商和咨询，广集民智、广求善策，推动执政党和政府决策的科学化、民主化。二是中国政党制度为不同阶层和

2022 年 10 月，中国共产党第二十次全国代表大会在北京召开。

群体提供利益表达渠道。中国存在着不同阶层和社会群体，他们之间存在具体利益的差别和矛盾。中国共产党代表中国最广大人民的根本利益，同时也需要民主党派、无党派人士来反映不同社会阶层和社会群体的具体利益。中国政党制度通过相关制度安排，提供了又一个重要的民意表达机制，能够有效反映社会各方面的利益、愿望和诉求，畅通和拓宽利益表达渠道。三是中国的政党制度为各党派之间民主监督提供制度安排。中国共产党与各民主党派互相监督，有利于强化体制内监督功能，避免由于缺少监督而导致种种弊端。各民主党派的民主监督，是中国共产党自身监督之外的重要监督形式，有利于执政党提高决策科学化水平，自觉抵制和克服官僚主义与消极腐败现象。

这种新型政党制度，可以确保政治大局的稳定。政治稳定是社会良性发展的必要条件。执政党是社会组织力量的核心，能够对政治稳定产生决定性影响。执政党越强大越成熟，其政治权威性就越强，对社会的组织力量也越强。在中国新型政党制度中，中国共产党作为执政党，是一个十分成熟又具有强大创造力的政党，是一个具有严密组织性和纪律性的政党，因而具有高度的权威性，成为维护国家政治稳定和长治久安的中坚力量。同时，多党派政治参与使中国政党制度的兼容功能得到强化，有利于把各种社会力量纳入政治体系框架之内，促进人们对政治体系和政治权威的认同；有利于发挥“安全阀门”的作用，为不同社会阶层和社会成员表达愿望和诉求提供正常、合法的渠道，使执政党能够及时体察社会动态以及社会问题的性质、范围和程度，适时采取措施加以解决。在利益日益分化的现代社会，西方多元竞争政党制度模式的弊端更加凸显，由于多个政党激烈竞争和相互攻讦而导致内耗不断。美国2020年总统选举之战，前所未有地暴露出西方党争的极大弊端。中国政党制度作为合作型政党制度，其运行方式能有效避免政党对立、政党竞争造成的政治动荡和社会撕裂，防止政治力量之间的重大分歧和对抗，推动社会共识的形成，减少政治发展中的内耗，降低社会运行成本，对政治稳定、社会稳定具有至关重要的作用。

政党制度的优劣，从根本上说要看其是否有利于社会生产力发展，是否有利于民主政治有序健康发展，是否有利于国家稳定和长治久安。如果按照这个标准，中国的政党制度无疑适合中国的实际，能够推动国家持续发展与长治久安，是一种具有比较优势的当代政治制度安排。

世界政党制度的成功典范

一个国家实行什么样的政党制度，是由该国的国情、国家性质和社会发展状况决定的。中国政党制度的理论与实践表明，民主不是只有一种模式，实现民主的形式和路径是多样的，这是由人类文明发展的多样性所决定的。中国的新型政党制度为世界政党政治运作模式贡献了中国智慧，提供了中国方案。

中国的新型政党制度到底新在哪里？

一是新在它是马克思主义政党理论同中国实际相结合的产物，能够真实、广泛、持久代表和实现最广大人民根本利益、全国各族各界根本利益，有效避免了旧式政党制度代表少数人、少数利益集团的弊端。

二是新在它把各个政党和无党派人士紧密团结起来，为着共同目标而奋斗，有效避免了一党缺乏监督或者多党轮流坐庄、恶性竞争的弊端。

三是新在它通过制度化、程序化、规范化的安排，集中各种意见和建议、推动决策科学化民主化，有效避免了旧式政党制度囿于党派利益、阶级利益、区域和集团利益决策施政，导致社会撕裂的弊端。

中欧数字协会主席路易吉·甘巴尔代拉曾指出，中国的成功故事谁都知道，可是中国为什么那么成功，并不是所有人都能回答上来。他说，在他看来，中国之所以成功，其中一个根本原因就是中国的制度优势。中国政治制度的突出优势在于，中国共产党能够团结其他政党，在共同协商的基础上制定出务实而长远的发展规划，并且一道为实现远大目标而奋斗。这在世界上其他国家是很少见的。

事实确实如此，中国新型政党制度是世界政党制度成功的典型，它开创了以往政党制度所不具有的先河。

中国的新型政党制度开创了一种全新的民主运行机制。由于政党政治兴起于西方国家，而这些国家大都实行以普选制和议会制为基础的竞争性两党制或多党制，由此形成一种思维定式：只有多党竞争才是民主，只有西方政党制度才具有普世性的民主价值，才是民主的唯一实现形式，并以是否实行西方政党制度为依据来判断一个国家是否民主。中国政党制度的理论与实践表明，实现民主的形式是丰富多样的，不能拘泥于刻板的模式，更不能说只有一种放之四海而皆准的评判标准。人民是否享有民主权利，要看人民是否在选举时有投票的权利，也要看人民在日常政治生活中是否有持续参与的权利；要看人民有没有进行民主选举的权利，也要看人民有没有进行民主决策、民主管理、民主监督的权利。中国政党制度无论是制度设计还是政治实践，都体现了民主的真实价值理念，开辟了一种新的制度化民主渠道，实现了更广泛的政治参与。此外，中国政党制度中的政治协商具有独特的民主价值，协商民主与选举民主相结合，拓展了人民民主的深度和广度，保障了人民权利得到最大限度的实现。

中国的新型政党制度开创了一种全新的政党执政模式。在实行两党制和多党制的国家，执政党在执政期间通常主导和独占国家权力，为其所代表的利益集团谋取最大的政治和经济利益。其他政党作为在野党或反对党，由于不能直接参与政府和管理国家事务，往往与执政党形成对立，使执政党的执政效果受到很大牵制和影响。与西方多党轮流执政不同，中国政党制度遵循民主集中制原则，坚持中国共产党的领导和充分发扬社会主义民主，把中国共产党执政、民主党派和无党派人士参政结合起来，把行使决策权与政治协商结合起来，把选拔录用本党的优秀人才与吸纳录用民主党派和无党派人士中的优秀人才结合起来，有效防止了各政党单打独斗，形成了既集中领导又广泛发扬民主，既富有效率又保持活力的政党执政新模式。

中国的新型政党制度开创了一种全新的党际关系。西方国家的政党制度建立在私有制基础之上，各政党之间处于互相竞争甚至争斗的对立状态。一些政党出于赢得竞选、参与组阁的政治需要，有时也进行合作，但这种合作是暂时的、不牢靠的，而彼此竞争、互相倾轧是其政党关系的突出特点。甚至一些西方国家的党派政治已经沦为一种权力博弈，多党竞争演变为相互争斗和彼此倾轧，政党之间缺乏共识，也不愿意寻求共识。中国共产党同各民主党派长期共存、互相监督、肝胆相照、荣辱与共，共同致力于发展中国特色社会主义事业。各政党团结合作、求同存异、和谐共生、共同奋斗，这是与西方竞争性政党关系有着根本区别

2017 年 11 月 30 日至 12 月 3 日，中国共产党与世界政党高层对话会在北京举行。这是中国共产党成立以来首次与全球范围内不同意识形态、不同文化背景、不同社会制度、不同发展阶段国家的政党举行高层对话。图为来华出席会议的部分外国政党领导人参观中共中央党校。

的新型政党关系，是中国多党合作制度特点和优势的重要体现。中国政党制度创造了非执政的政党参加国家政权和国家事务管理的独特方式与途径。中国政党制度通过制度规范，有效保证和分配民主党派参政所需的政治资源。

可以说，中国政党制度的实践，为世界政党政治发展提供了有益借鉴，为人类社会民主政治和政治文明发展作出了独特贡献，为世界政党政治运行提供了成功范例。

第四章

中国式协商民主是良性制度设计

中华人民共和国成立之初，毛泽东在与民主党派人士谈话时曾说：国家各方面的关系都要协商，我们政府的性格，你们也都摸熟了，是跟人民商量办事的。

这里说的协商、商量，就是今天我们推行的协商民主的最初形式。那么，什么是协商民主？当今中国为什么推行协商民主？协商民主是怎么运行的？

对抗式民主弊端多

19世纪法国政治思想家托克维尔在《论美国的民主》一书中说，美国的民主是最好的民主。当今天的人们读到这句话时，心里不免会有很多疑惑。因为现实中的美国民主不仅不那么完美，还有着无穷无尽的讨价还价，甚至是直接的谩骂、对抗和冲突。

新加坡前总理李光耀在谈到西方民主时曾说：当你实行大众民主时，要赢得选票，你就不得不给选民提供更多的好处。而且，如果你想在下一届选举中打败对手，承诺给的好处比以前要更多。因此，这就类似于拍卖过程中的不断加价，而这样做的代价、债务却留给下一代人，让他们承担。如果总统给他的人民开出的是一剂苦药，那么他就不会再次当选了。

如果西方民主只是停留在为选举而选举民主之上，那问题还没有那么严重。从其制度设计来看，西方民主具有天然的对抗和制衡性，表现在民主形式上就是对抗式民主。

对抗式民主不是人们追求好的政治秩序的制度模式。当不同党派或不同利益的群众存在共识时，对抗式民主对国家和社会治理的影响要小些。如果这种共识不存在或者共识很少，那么在这种模式下，就很容易出现撕裂和冲突。

现在，许多国家的治理和社会发展都深受对抗式民主制度安排的消极影响，由此引发政治分裂和社会撕裂的不在少数。就连美国等西方发达国家，有时也难以摆脱对抗式民主所带来的困扰。

过去几年，美国总统选举导致政党之间、政党与选民之间、穷人与富人之间分裂加剧。美国两党及其候选人活动的重心是相互人身攻击，不讲团结与合作，导致社会意识分化严重，社会共识不足。政党高层与选民之间对参选候选人、竞选政策等持不同意见时，选民诉求通常无法得到有效回应，加剧选民对政党的不信任，政党作为整合社会不同阶层利益的组织职能持续降低。选举导致美国社会阶层分裂明显，少数掌握巨大社会财富的财团资本家与多数选民在选举中形成不同利益诉求的对抗和较量，当选举无法协调不同诉求和对抗时，社会分裂更加严重。

西方发达国家尚且如此，这种对抗式民主经过包装后被推销到一些发展中国家甚至贫穷国家，其所带来的破坏性更是可想而知的。放眼当今世界，不少国家因为输入这种对抗式民主模式，再叠加各种原有的民族或族群矛盾，国家和社会陷入强烈的冲突和对抗之中，经济发展无从谈起，人民生活在动荡之中。

美国在伊拉克推翻萨达姆政权后推行对抗式的民主，但这种民主给伊拉克带来的却是动荡不安。曾经让当地选民引以为豪的民主投票，到现在仍没有给他们带来真正的民主。时至今日，伊拉克两大教派什叶派和逊尼派，还是各投各的票，结果必然是占人口大多数的什叶派掌权，致使两大派别纷争不断。多年来，伊拉克始终笼罩在汽车炸弹袭击、恐怖爆炸的阴影之下，每年平民伤亡不在少数。近期局势又急剧恶化，极端组织“伊拉克和黎凡特伊斯兰国”宣布在其所控制的叙利亚和伊拉克部分地区“建国”，并将正式名称改为“伊斯兰国”，数十万伊拉克民众逃离家园成为难民；库尔德人也趁机谋求独立。这个濒临四分五裂的国家，怎么能爱上对抗式民主呢？

阿富汗在美国发动阿富汗战争后实行了西方的总统共和制，但其国内乱局并没有得到解决。2009年阿富汗总统选举引发479起暴力袭击事件；2010年第二轮议会选举引发303起袭击事件，导致全国约8%的投票站被迫关闭；每次选举都要动用大量军警维持秩序，加上权力移交的混乱，国家政局陷入极大困境。由此可见，对抗式民主不能真正帮助阿富汗实现和平与稳定。

埃及是美国在中东的重要盟国。2011年埃及政局出现动荡后，美国要求穆巴拉克政府停止驱散示威者、立即撤销紧急状态法、把反对派当作合作伙伴，支持埃及军方和数以百万计的示威者对政府发难，要求实行民主，迫使穆巴拉克下台。示威者以为自由派上台，民主就真的来了。然而埃及大选的赢家不是自由派，而是以穆尔西为代表的穆斯林兄弟会。首位民选总统穆尔西把民主当作赢家通吃的体制，他维持政权仅仅一年，就在2013年7月被军方逮捕，穆斯林兄弟会随后被宣布解散，数百人在冲突中丧生，“阿拉伯之春”希望再度破灭。

利比亚战争中，美、法、英等西方国家出动战机和舰艇，对卡扎菲政权的相关目标实施军事打击，支持利比亚国内反对派转守为攻，结束了卡扎菲在利比亚的强权统治，建立了西方民主体制。利比亚今天已沦为阿拉伯世界的狂野西部，危险丛生：隶属于各个宗教政治派别的武装民兵大打出手，争夺控制权，外国恐怖分子也趋之若鹜，中央掌控乏力，部落冲突不断，各种抗议活动频发，枪支泛滥，物价飞涨，安全局势堪忧。

正如牛津大学教授斯特恩·雷根所言，民主只有促进发展，才能确保民主自身的发展；没有发展，民主就会被历史湮没。对抗式民主不具有推动发展的功能，甚至对发展具有破坏性。近年来，世界多家民调机构的数据显示，当初卷入“阿拉伯之春”的中东地区民众多数对现状表示不满，强烈的幻灭情绪取代了当初的乐观情绪。相对于现在的民主制度而言，他们更想要稳定的生活。2016年年初，突尼斯爆发的暴力骚乱不断升级。突尼斯资深媒体评论员贾斯米认为，突尼斯当前所遭遇的困局，根源在于经济不见起色，没有满足民众期待，从而出现社会动荡和恐怖主义等难题。

西方对抗式民主输出及其后果，印证了邓小平的分析：要求全世界所有国家都照搬美、英、法的模式是办不到的……如果西方发达国家坚持干涉别国内政，干涉别国的社会制度，那就会形成国际动乱，特别是第三世界不发达国家的动乱。

透过对抗式民主热闹的表象，人们看到的是它所带来的无穷的争斗、混乱和危机。显然，这种制度设计和安排已经偏离了民主的本质。

协商民主大有可为

与对抗式民主不同，中国主张推行协商民主。习近平总书记指出，在中国社会主义制度下，有事好商量，众人的事情由众人商量。涉及人民利益的事情，要在人民内部商量好怎么办，不商量或者商量不够，要想把事情办成办好是很难的。我们要坚持有事多商量，遇事多商量，做事多商量，商量得越多越深入越好。

这里所说的协商民主，就是通过协商与合作的原则来达成结果正义，既保障大多数人利益又兼顾少数人利益，找到全社会意愿和要求的最大公约数。这是人民民主的真谛，也是最大限度地减少对抗与分裂的有效制度安排。

中国推行协商民主而不实行对抗式民主，是在多重因素和力量作用下的理性选择。

中国的政治思想传统，是推行协商民主的文化根源。虽然古代中国特别强调政治统治要顺应民意、体现民意，但由于中国很早就形成了庞大的社会和国家，古罗马、古希腊那样的公民一人一票直选式民主在中国无法实施。

关于中西政治传统的差异，钱穆曾有过深刻的分析："中国的立国体制和西方历史上的希腊、罗马不同。他们国土小，人口寡。如希腊，在一个小小半岛上，已包有一百几十个国。他们所谓的'国'，仅是一个城市。每一城市的人口，也不过几万。他们的领袖，自可由市民选举。只要城市居民集合到一旷场上，那里便可表现所谓人民的公意。罗马开始也只是一城市……中国到秦汉时代，国家疆土早和现在差不多……何况中国又是一个农业国，几千万个农村散布全国。我们要责望当时的中国人，早就来推行近代的所谓民选制度，这是不是可能呢？"

在一个疆域广阔、人口众多、地形复杂的国家，要进行有效的管理是一件不容易的事。在交通和通信极为落后的传统时代的中国，国家治理靠一人一票方式或者召集全国性大会，都是做不到的，也无可能。日常国家治理只能通过具有一定代表性的精英群体来实现，遇到复杂的问题则可以通过各个层面代表人物的沟通协商来通达民情民意，最终达到相对平衡的共识。中国古代社会县级政权以下长期实行的乡绅治理格局，某种程度上就是一种协商治理模式。中国传统社会重血缘家族关系，重人情、讲伦

2013 年 3 月 8 日，全国政协十二届一次会议举行第三场记者会，邀请多位政协委员就“健全社会主义协商民主制度”等相关问题回答中外记者的提问。

理，重秩序、重和谐，这些社会取向使中国人习惯于用协商的办法，通过互相礼让、互相理解来解决问题，而不是用冷冰冰、硬邦邦的投票来处理血缘深厚的社会关系。

由此可见，协商民主在中国有着十分深厚的文化根基，符合中国重结果正义的传统文化习俗。

显然，传统政治文化因素对于一个国家民主模式的选择具有很大的影响力。如果不顾及这些传统，简单地搞拿来主义，肯定会栽跟头。辛亥革命后，中国的一些资产阶级政治家曾经实行过对抗性民主，结果社会陷入长期的混乱，不仅没能挽救民族危亡，反而陷入更大的危机。中国共产党从抗战时期开始，为建立全民族抗日统一战线，力主各阶层、各党派进行民主协商。新中国成立前夕，中国共产党专门召开全国政治协商会议，正式建立由中国共产党领导的多党合作和政治协商制度。这一基本政治制度，就是中国式协商民主的一种新模式。

这种民主协商制度在中国是怎么运行的呢？

中国共产党与各民主党派广泛开展政治协商。一般而言，中国共产党在决策前和决策执行过程中，都会就国家重大方针政策和重要事务与各民主党派、无党派人士进行协商，这是实行科学决策、民主决策的重要环节，是中国共产党提高执政能力的重要途径。经过多年的实践，中国多党合作制度中的政治协商形成了两种基本方式：一种是中国共产党同各民主党派的协商；另一种是中国共产党在人民政协同各民主党派和各界代表人士的协商。

中国共产党与各民主党派政治协商的内容十分广泛，协商的形式多种多样，协商的程序也很规范。

就政治协商的内容而言，主要包括中国共产党全国代表大会、中央委员会的重要文件，宪法和重要法律的修改建议，国家领导人的建议人选，推进改革开放的重要决定，国民经济和社会发展的中长期规划，关系国家全局的一些重大问题。此外，中共中央专门召开会议，向各民主党派通报重要文件和重要情况并听取意见等。

就政治协商的形式而言，主要包括中共中央邀请各民主党派领导人举行民主协商会，就中共中央将要提出的大政方针进行协商；中共中央主要领导人根据形势需要，不定期邀请民主党派领导人举行高层次、小范围的谈心活动，沟通思想，交换意见；中共中央或中共中央委托有关方面召开民主党派和无党派代表人士座谈会，通报或交流重要情况，听取民主党派提出的政策性建议，或讨论某些专题；除会议协商外，民主党派中央还可就国家大政方针及其他重大问题向中共中央提出书面建议。

就政治协商的程序而言，中共中央通常根据年度工作重点，研究提出全年政治协商规划；协商的议题提前通知各民主党派中央、无党派人士，并提供相关材料；各民主党派中央组织相关人员阅读文件、调查研究，对协商议题进行集体研究后，提出意见和建议；在协商过程中充分发扬民主，广泛听取意见，求同存异；中共中央认真研究民主党派中央、无党派人士提出的意见和建议，对重要意见和建议的采纳情况及时进行反馈。

与对抗式民主相比较，中国的政治协商式民主体现了中国人“和”“合”的文化观念，更重视对话而不是对抗，重视协商而不是推诿。这种制度设计，能够避免对抗式民主的消极因素，弥合社会不同阶层与群体的分歧，确保国家发展的连贯性和稳定性。

2019 年 11 月 4 日，受中共中央委托，中共中央书记处书记、中央统战部部长尤权向各民主党派中央、全国工商联负责人和无党派人士代表通报中共十九届四中全会精神。

协商民主的多样实践

随着实践的发展，当代中国的协商民主呈现出广泛、多层次、制度化的特点。除了中国共产党与各民主党派之间的政治协商外，还有人民代表大会协商、政府协商、人民团体协商、基层协商、社会组织协商、经济组织协商等一系列制度安排，为各阶层表达自己的利益诉求提供了充足的机会，为他们参与民主管理国家和社会事务提供了广阔的舞台。

与其他形式的民主制度相比，当代中国的协商民主不是通过不同利益群体间的竞争达成政治的妥协而形成利益格局和政治秩序，而是直接通过以非对抗性政治协商建构利益格局和政治秩序。承认和照顾协商各方的利益是协商民主的前提与基础。中国不主张对抗性民主或街头民主，更倾向于协商民主。

在当代中国，社会协商对话无处不在，是协商民主最为代表性的形式之一。它常常是政府与群众、领导与群众、群众与群众、管理层与职员之间，通过对话方式来沟通情况、交换意见、平等协商，处理和协调各种不同的社会利益和矛盾的重要渠道。建立社会协商对话制度，是当代中国民主政治建设的重要内容。

在现实生活中，社会协商对话的具体形式有很多种，如公共政策听证会、征求意见会、劳资双方协商对话及人民会商等。

诞生于浙江省温岭市的民主恳谈，是中国基层社会协商对话的典范，颇受世界关注。温岭市是浙江省台州市所辖的一个县级市，也是一个开放程度较高的小城市，当地经济发展较快。伴随着经济发展，人们对民主政治的诉求越来越高。民主恳谈就是温岭人在发展民主政治中的一个创造。1999年6月，温岭市松门镇

2018 年 7 月，在全国政协召开的“发展实体经济，提高供给体系质量”专题协商会上，委员们踊跃发言。

举办“农业农村现代化建设论坛”，解答群众提出的问题，既解决思想认识问题，也解决实际问题。这种方式受到群众的好评。此后，温岭市各地陆续开展了形式多样的民主沟通、民主对话活动。2001年6月，这一基层民主形式被统一定名为“民主恳谈”，并被确立为民意表达的场所，而且成为重大决策的必经程序。

经过多年的发展，温岭民主恳谈由最初的一种工作方法演化为一种稳定的制度。这种民主恳谈，其内容主要包括民主沟通会、乡镇政府决策听证会、乡镇党委决策议事会、村民议事会、乡镇人大表决会、党代表建议回复会、重要建议论证会和村民代表监督管理会等。作为一种制度，民主恳谈的主要特点是程序化、规范化程度较高，与实际工作结合紧密，为各界人民群众参与公共事务管理提供的空间广阔，运行成本较低，操作简便，与现有各种制度及党的传统融合程度较高。温岭民主恳谈得到国内外的广泛重视，美国《纽约时报》、《时代》周刊，日本《朝日新闻》和英国《经济学家》等媒体都对温岭民主恳谈有过报道。

实践充分证明，温岭的民主恳谈产生了很大的政治效益和社会效益。具体体现在：

健全了基层的决策程序。中国基层社会有大量的公共事务需要处理，尤其是经济发达、乡镇财政收入或农村集体收入较高的地方。“民主恳谈”作为一项必经的决策程序，有利于防止或消除基层干部决策的随意性。

提高了基层执行效率。民主恳谈推动了基层群众对政府决策的参与，为基层群众在政府行政过程中表达、维护自身的利益提供了平台，有助于政府和人民群众之间在解决公共事务时建立起合作伙伴关系，从而有利于推动政策的执行。

推动了基层民主政治的发展。民主恳谈是在村民选举的基础

民主恳谈会自 1999 年 6 月在温岭市松门镇诞生以来，很快成为在温岭市全面推行的民主决策、民主管理模式。图为 2003 年 6 月 26 日，在温岭市松门镇党委政府就校网调整问题举行的镇第十四次民主恳谈会上，干部群众踊跃发言。

上，进一步把民主的原则贯彻到城镇和农村公共事务的管理和决策中，有利于激发人民群众参与公共事务管理的积极性。

增强了基层群众的民主意识。对中国农村来说，推进民主政治的最大障碍是农民缺乏民主意识和习惯。实行民主恳谈，有利于锻炼和提高基层群众民主参与的能力和素质。

温岭民主恳谈是中国特色社会协商民主形式的一种尝试和创新。类似这样的社会协商方式还有很多，它们对于缓解中国基层社会矛盾、推动中国经济社会发展、促进中国社会和谐与稳定，具有不可替代的作用。

当今中国的政治发展既有集中又有民主，既生动活泼又富有效率，这与协商民主丰富的实践形式有密切的关系。实际上，中国社会的高度稳定与经济持续快速发展，均得益于这种民主政治制度。

协商民主适用于世界新秩序

中国的协商民主，是在中国共产党领导下，人民内部各方面围绕改革发展稳定重大问题和涉及群众切身利益的实际问题，在决策之前和决策实施之中开展广泛协商，尽可能就共同关心的问题形成共识、取得一致意见的重要民主形式。

经过多年发展，协商民主已经深深嵌入中国社会主义民主政治全过程，把有序参与、平等议事、民主监督、凝聚共识、科学决策、协调各方、和谐发展融为一体，体现了中国民主政治的独特优势和智慧：

一是协商民主的广泛性。协商民主的主体涵盖各党派、各团体、各民族、各阶层、各界别和各方面人士，协商民主的渠道多种、类型多样、形式灵活，可以最大限度满足不同阶层、不同群众复杂多样的参与要求。

二是协商民主的包容性。协商民主坚持求同存异、体谅包容的原则，蕴含合作、参与、协商的精神，既反映多数人的普遍愿望，又吸纳少数人的合理主张，既听取支持的、一致的意见，又听取批评的、不同的声音，有利于最大限度地包容和吸纳各种诉求。

三是协商民主的平等性。协商民主是一种参与决策的民主形式，可以广泛形成人民群众参与各层次管理和治理的机制，有效克服人民群众在国家政治生活和社会治理中无法表达、难以参与的弊端；保障人民群众持续参与日常政治生活的权利，有效行使管理国家事务、管理经济和文化事业、管理社会事务的权利。

中国协商民主体现出的广泛、包容、平等精神，可以弥合当今世界的隔阂，利于推动世界的民主化、多样化发展。在西方国家，有一种论调认为，世界上各国如果都变成西式民主国家，那么就会有好的世界秩序。这个假设在逻辑和经验上都存在很大的漏洞。这种认为趋同的政治发展道路就会带来一致的世界秩序的观点，是很危险的。

在现实的政治实践中，人们可以看到，罗尔斯的自由理论实际上已经威胁到了世界秩序，而不是对世界秩序起建设性的引导作用。一个国家没有权力以其界定的自由或民主概念，将别国视为非民主、非自由的国家而予以随意干涉。这违背国际秩序的基本道理，因为国际社会之所以能有秩序，是因为它遵从一个最基本的原则，也就是任何一种国际秩序和国际法，不能建立在要求所有成员采纳相同国内制度的基础上。历史上，凡是遵从了这一基本原则，国际秩序基本上就有保障；如果不遵从这一原则，国际秩序的根基就会出问题。

中国主张“和而不同”的秩序，认为世界秩序不能建立在对抗的基础上，这就如同国内秩序不可能建立在对抗的基础上。问题的关键是，人们如何在尊重差异，特别是尊重多种政治发展道路的现实中，寻求和谐共生的秩序。所谓“夫物之不齐，物之情也”，尊重差异是中国文化包容性的体现，中国一贯反对所谓“文明冲突论”。

当今中国努力在世界上创造一个多样制度模式，以实现从协商走向共生的秩序，中国式民主模式为探索人类面临的共性问题以及自身面临的个性问题提供了新方案。中国一直在矢志不渝地推动构建人类命运共同体，倡导以共商共建共享为原则的全球治理观，这需要更多的国家一起共同努力，这样国际社会将走向一种更好的世界秩序状态。

第五章

中国领导人是怎样选拔产生的

国家领导人的更替和交接制度，是每个国家首先要解决的问题，也是一个国家民主制度的生动体现。封建王朝采用的是世袭制，资本主义国家采用的是一人一票的普选制。那么，中国的领导人是怎样选拔出来的？中国领导人选拔的标准是什么？与其他国家相比，中国领导人的选拔产生又有哪些不一样的特点？

成长为中国领导人的标准

在中国，要成长为一个好的领导人是一件不容易的事，需要经历很多考验，有很高的要求。概括起来有20个字：信念坚定、为民服务、勤政务实、敢于担当、清正廉洁。可以说，这就是中国共产党选拔和培育领导干部特别是党和国家领导人的标准和导向。

第一条标准，信念坚定。

信念坚定，是中国共产党对党员干部的根本要求。中国共产党是一个有理想信念的党。纵观中国共产党奋斗历史，她始终把理想信念书写在自己的旗帜上，让理想信念的明灯闪亮在共产党员心中。中国共产党早期创始人之一李大钊被捕之后，写下《狱中自述》，公开昭示自己“自束发受书，即矢志努力于民族解放之事业，实践其所信，厉行其所知”的人生理想和革命历程，表示“为功为罪，所不暇计”，表现出一名共产党人无私无畏的革命气概。

毛泽东曾对采访他的美国记者斯诺深情地回忆起第一次读到《共产党宣言》时的情景：“我第二次到北京期间……我热切地

搜寻当时所能找到的为数不多的共产主义文献的中文本。有三本书特别深刻地铭记在我的心中，建立起我对马克思主义的信仰。我一旦接受了马克思主义是对历史的正确解释以后，我对马克思主义的信仰就没有动摇过。这三本书是：《共产党宣言》《阶级斗争》《社会主义史》。到了1920年夏天，在理论上，而且在某种程度的行动上，我已成为一个马克思主义者了，而且从此我也认为自己是一个马克思主义者了。”

百年来，中国共产党之所以能够从弱小走向强大，从艰难走向胜利，靠的是什么？一个很重要的原因就是有理想信念。

那么，中国共产党人的理想信念是什么？简单说就是对马克思主义的信仰，对中国特色社会主义的信念。如果理想信念不坚定，不相信马克思主义，不相信中国特色社会主义，政治上不合格，经不起风浪，这样的干部能力再强，也不是中国共产党需要的干部。相反，理想信念坚定的干部，“骨头就硬”，在胜利和顺境面前不会骄傲和急躁，在困难和逆境面前也不会消沉和动摇，就能经受住任何风浪的考验。

第二条标准，为民服务。

全心全意为人民服务，是中国共产党的根本宗旨。与其他政党不同，中国共产党自成立之日起，就把为人民服务作为自己的奋斗目标和使命，要求她的党员尤其是党的干部必须做人民公仆，忠诚于人民，以人民忧乐为忧乐，以人民甘苦为甘苦。

中国共产党之所以把为人民服务作为选拔干部的标准，是因为她认识到人民所蕴含的巨大力量。毛泽东曾说过，“真正的铜墙铁壁是什么？是群众，是千百万真心实意地拥护革命的群众。这是真正的铜墙铁壁，什么力量也打不破的，完全打不破的”。中国改革开放总设计师邓小平也说过类似的话，“我们要想一

中共中央办公地中南海新华门的影壁上，镌刻着“为人民服务”五个大字。

想，我们给人民究竟做了多少事情呢？我们一定要根据现在的有利条件加速发展生产力，使人民的物质生活好一些，使人民的文化生活、精神面貌好一些”。中国共产党坚信，人民是历史的创造者，是推动历史发展的力量源泉。没有人民的支持和参与，任何事情都不可能取得成功。

为人民服务的党员干部，在中国共产党党内都会得到尊重，并且会成为全党学习的榜样。中共中央总书记习近平不止一次提倡和要求党员干部向优秀县委书记焦裕禄学习。

20世纪60年代，焦裕禄担任河南兰考县委书记。当时兰考因连续三年遭受自然灾害，老百姓生活很困苦。为了让那里的人民过上好日子，焦裕禄拖着患有慢性肝病的身体，在一年多的时间里，跑遍了全县140多个大队中的120多个。在带领全县人民封沙、治水、改地的斗争中，焦裕禄身先士卒、以身作则。他经常钻进农民的草庵、牛棚，与他们同吃同住同劳动。他常说，共产党员应该在群众最困难的时候，出现在群众的面前；在群众最需要帮助的时候，去关心群众、帮助群众。他的心里装着全县的干部群众，唯独没有他自己。他经常肝部痛得直不起腰、骑不了车，即使这样，他仍然用手或硬物顶住肝部，坚持工作、下乡，直至被强行送进医院。后来，这位县委书记牺牲在工作岗位上。

1990年7月，时任福建福州市委书记的习近平做了一首词，题为《念奴娇·追思焦裕禄》。词的上阕追思，以记叙为主，写焦裕禄的功绩，百姓对他的爱戴、缅怀，以及词人对他的评价；下阕明志，以抒情为主，写焦裕禄精神对词人的影响，表达执政为民、造福百姓、恩泽万众的理想和宏愿。2014年3月，已担任中共中央总书记的习近平重访兰考，有感于焦裕禄为人民服务的精神，重诵此词，深情地谈道：“虽然焦裕禄离开我们50年了，但焦裕禄精神是永恒的。”

在中国，要成长为党和国家领导人，必须像焦裕禄那样，常怀为民之心，常思民众疾苦，站在人民立场上把握和处理重大问题。否则，就会被人民和历史抛弃。

第三条标准，勤政务实。

勤政务实，说的是中国共产党的干部须保持勤勉实干的作风。其中，勤政就是要勤于政事，贯彻为人民服务的根本宗旨，说到底是要具体落实到党员干部的日常行为上、作风上以及实际政绩上。这种行为和作风体现在日常工作中，就是要求党员干部勤勤恳恳、拼搏进取、敢作敢为，不懒政、不怠政，主动作为，而不是消极等待、尸位素餐、碌碌无为。

务实就是要埋头苦干、真抓实干、踏实肯干。空谈误国，实干兴邦。如果只是纸上谈兵而不真抓实干，再宏伟的蓝图也会落空，再美好的梦想也不能成真。中国的发展一步步走到今天，靠的就是埋头苦干的韧劲，踏实肯干的雄劲，真抓实干的攒劲。

在中国，一个干部要成长起来，靠的就是勤政务实的工作作风，切切实实把精力真正集中到研究和解决实际问题上，把实干体现在担当上，把最难的工作留给自己，埋头苦干地为群众多干实事。如果离开了这些，一个干部仅仅靠投机取巧、靠空谈空想，是没有政治前途的。

第四条标准，敢于担当。

敢于担当，是中国共产党的干部必须具备的基本素质。在中国共产党人看来，敢于担当就是面对大是大非敢于亮剑，面对矛盾敢于迎难而上，面对危机敢于挺身而出，面对失误敢于承担责任，面对歪风邪气敢于坚持斗争。

“为官避事平生耻。”担当大小，体现着一名党员干部的胸

亲民爱民、艰苦奋斗、科学求实、迎难而上、无私奉献的“焦裕禄精神”，是中国共产党的宝贵精神财富。图为位于兰考防沙林中的焦裕禄塑像。

怀、勇气、格调，有多大担当才能干多大事业。“不怕群众掉了队，只怕党员混百姓；不畏百姓掉链子，只畏党员撂担子。”党员干部一旦将自己混同于普通百姓，不敢担当、不愿担当，不能起到应有的先锋引领作用，不能提供强有力的服务保障，那么，他就会失去人格魅力。党员干部缺乏担当精神是与谋事创业的要求格格不入的，只会贻误改革发展大业。敢于担当是共产党人的鲜明性格，也是领导干部的时代责任，是中国共产党永葆先进性纯洁性、巩固执政地位的重要基石。

当然，党员干部敢于担当首先要问心无愧。打铁必须自身硬，如果自己本身都硬不起来，那就谈不上去担当，也不敢于去担当。因此，中国共产党要求党员干部自觉加强自身的修养，提高自身的业务能力，有敢于担当的情怀，才能有底气、有能力去担当。

当然，中国共产党说的敢于担当，不是个人主义，飞扬跋扈、唯我独尊并不是敢于担当。中国共产党的干部身份是公职、公仆，职责是公务、公干，维护的是公益、公利，应当始终秉持公心。在遇到艰巨任务时，要挺身而出、主动承担，千方百计抓好落实；在碰到难题时，要知难而进、迎难而上，想方设法处理好，不能推诿扯皮、敷衍塞责，不能遇到矛盾绕道走、看到困难往后躲；在出现问题时，要主动负起责任，积极稳妥地解决，不能上推下卸，不能回避问题、上交矛盾。

第五条标准，清正廉洁。

自古以来，廉洁为政是百姓对公平正义的呼唤，清官廉吏更堪称时代的公信力与价值准绳。习近平总书记在调研指导河南省兰考县党的群众路线教育实践活动时，就曾讲述过清朝名臣张伯行的故事。他说，“兰考历史上出了一个有名的清官张伯行。

清正廉洁是中国共产党对党员干部最基本的要求。图为 2015 年 1 月 21 日，山西省太原市市民参观“中国共产党反腐倡廉历程展”。

他历任福建巡抚、江苏巡抚、礼部尚书，为谢绝各方馈赠，专门写了一篇《却赠檄文》，其中说道：‘一丝一粒，我之名节；一厘一毫，民之脂膏。宽一分，民受赐不止一分；取一文，我为人不值一文。谁云交际之常，廉耻实伤；倘非不义之财，此物何来？’”张伯行廉洁奉公的做人原则与道德操守，值得今天党的各级领导干部学习。

清正廉洁，是中国共产党对党员干部最基本的要求。清正廉洁，指的是中国共产党的干部必须敬畏权力、管好权力、慎用权力，守住自己的政治生命，保持拒腐蚀、永不沾的政治本色。

保持清正廉洁的政治本色是中国共产党的一贯主张，也是检验一名共产党员干部合格与否的试金石。党员干部只有廉洁从政、清正为官，在工作中才不会缩手缩脚、顾此失彼，在生活中才不会被膨胀的欲望蒙蔽心智。而且，领导干部的作风不仅事关干部个人道德品行，更事关社会风气和发展环境。一心为公自会宠辱不惊，两袖清风始能正气凛然。

思想是行动的先导，自律是他律的内因。但是，自律意识不会凭空产生。中国共产党要求党员干部常学习、常自警、常自醒，常怀律己之心、常思贪欲之害；自觉加强世界观、人生观、价值观的改造，保持健康向上的精神追求和道德砥砺；管好自己的心不贪不占，管好自己的手不拿不要，管好自己的腿不跑不送；见贤思齐，切忌见利忘义、见钱眼开；时刻告诫自己以廉为荣、以贪为耻，并坚持做到警钟长鸣、常抓不懈，绝不能“三天打鱼，两天晒网”，更不能言行不一、满足于口头承诺。

上面五条标准，既是中国共产党对党员干部的要求，又是中国共产党选拔储备干部的重要参考。只有具备了这些条件，才有可能作为领导人进行培养。

进入领导人系列的资格

在中国，要成为一名合格的国家领导人，除了前面提到的五条标准外，还有很多附加条件和要求。

首要的一条，就是年龄上的规定，即必须是年满45岁以上的中华人民共和国公民。《中华人民共和国宪法》第七十九条规定：有选举权和被选举权的年满四十五周岁的中华人民共和国公民可以被选为中华人民共和国主席、副主席。但实际上，在中国，45周岁能成为国家领导人是很难的。

与中国不同，有些国家的领导人很年轻。譬如，2017年时年39岁的埃马纽埃尔·马克龙成为法国历史上最年轻的总统。他的当选，打破了1848年上台的路易–拿破仑·波拿巴保持了170年的法国最年轻总统纪录，路易–拿破仑·波拿巴当年担任总统时年仅40岁。

近年来，除马克龙外，其他国家也选举产生了一些“少壮派”领导人。1963年出生的欧尔班·维克托于1998年首次出任匈牙利总理，时年35岁。2010年和2014年，他又两次当选匈牙利总理。2010年，夏尔·米歇尔出任比利时联邦政府首相，时年38岁，他也是比利时1840年以来最年轻的领导人。2016年，于里·拉塔斯出任爱沙尼亚总理，时年38岁。2016年，弗拉基米尔·格罗伊斯曼被任命为乌克兰总理，时年38岁。2015年，亚历克西斯·齐普拉斯出任希腊总理，时年40岁，他也是希腊约150年来最年轻的领导人。2016年，优素福·沙赫德出任突尼斯总理，时年40岁，他是突尼斯1956年独立以来最年轻的总理。2015年，贾斯廷·特鲁多出任加拿大总理，时年43岁。2015年，安杰伊·杜达当选波兰总统，时年43岁。2013年，乔治·马尔格韦拉什维利出任格鲁吉亚总统，时年44岁。2022年，英国保守党党首里希·苏纳克在白金汉宫接受英国国王查尔斯三世的正式任命，成为英国新任首相，时年42岁，是英国自1812年以来最年轻的首相。

中国是一个历史悠久、地域广阔、人口众多、民族多元的国家，这就决定了中国的领导人必须具有熟知国情、了解百姓、胸怀全局、把握实际的基本特质，以及顶层设计、系统思考、战略谋划、统筹兼顾的掌控能力。而形成这种特质和能力，必须经过多层级、多系统、多领域的实践历练和长期积淀。在国外选举领导人，只要有雄厚的资金支持，再加上能言善辩，像特朗普这样的财团老板照样可以胜出。而中国的省长、部长，往往都需要二三十年以上不同层级、不同岗位的历练和筛选，中央政治局委员、政治局常委更是需要经过多岗位、多层级、多领域的历练。

2013年年初当选为中国国家主席的习近平，其履历很能说明中国领导人的成长路径。从1969年下乡当知青，到2012年中共十八大召开的这44年中，习近平从下乡知青成长为人民的领袖，从大队党支部书记到中国共产党的总书记，从普通公民到国家主席，从一般军官到军委主席，从政经历遍及党、政、军各个领域，历经村、县、地、市、省、直辖市直至中央等所有层级的主要岗位，每一层级都历经几年，都扎扎实实、政绩卓著，每一岗位都干在实处、走在前列。在梁家河任大队书记时，他带着乡亲们光脚站在冰水里修淤地坝，搞科学种田，使粮食增产60%；他创办农村铁匠铺子，在简陋的窑洞里打出了小农具；他创建陕西首个沼气池，使梁家河成为全省能自行解决照明供热的第一村。

1982年3月，习近平从军委办公厅调任河北正定，开始全面主政一方。可以说，他真正的主政之路始于正定、源于正定。他自己也说“正定是我从政起步的地方”。在那里，他把念好“人才经”作为推进改革的重要抓手，亲自向全国发出100多封“求贤信”，亲自邀请包括华罗庚在内的53名全国知名专家担任经济顾问。

接下来，他离开正定南下福建，一干就是17年多。这17年多，他在政治、经济、军事、文化、生态文明、社会治理等方面的现代治理能力得到全面历练、展示和提升。在厦门，他第一次

读者在书店阅读《知之深 爱之切》。该书收录了习近平 1982 年 3 月至 1985 年 5 月在河北正定工作期间的讲话、文章、书信等。

亲历城市的管理和发展，丰富了改革的实践、开放的实践。在宁德，他坚持从严治吏，开启了抓“关键少数”的尝试，严肃处理违规建房，查处400多名干部，展示出铁腕反腐的胆识和魄力。在福州，他着力推行“马上就办、真抓实干”，曾带领市区领导两天接待逾700位来访群众，当场拍板、限期解决近200个问题。任福建省省长期间，他率先提出建设“生态省”的战略构想，福建成为当时全国唯一的水、空气、生态环境全优的省份。

主政浙江时，习近平提出在“腾笼换鸟”中实现“凤凰涅槃”，总结实施著名的“八八战略”，把浙江带上了发展快车道，使其成为全国可持续发展的试验田和排头兵。2007年，他又临危受命，担任上海市委书记。虽然只有7个月时间，但他马不停蹄地考察了全市所有19个区县，力推以上海为“龙头”的长三角一体化发展。

习近平后来提出的很多思想和重大战略，早在多年以前就已经生根发芽，既一脉相承又与时俱进。正是经过一步步丰富而长期的实践锻炼，厚植了他治国理政的根基，一经站上领导党、国家和军队的最高岗位，就立刻展现出非同凡响的伟人气魄和领袖风范。这种气魄和风范是一种无形的力量，一种可以把全党全军全国各族人民凝聚和团结在周围的力量，一种能够鼓舞和感召14亿多中国人民为实现共同目标而勠力奋斗的力量。

由此可以看出，对比西方国家领导人，要成长为中国的国家领导人实属不易，各种要求和条件极为严格，自身的能力、品格、政绩、气魄、见识、从政经历和群众的认同等都缺一不可。

领导人的正式选举产生

中国的国家领导人产生分为两步，第一步是由中国共产党的代表大会选举产生党的领导人，然后再向全国人民代表大会推荐候选人，经全国人民代表大会代表选举后正式成为国家领导人。

那么，中国共产党的最高领导人是怎么产生的呢？

中国共产党的党政领导干部涵盖范围很广，其中，各级党政机关中处于领导岗位上的公职人员是主体。一般而言，国家领导人选举之前，中共中央会派出多个考察组赴全国进行考察，确定考察对象，通过提名、表决、选举的方式，正式选出中央委员会和中央纪律检查委员会“两委”成员。

“两委”成员确定后，再进行中央政治局和中央政治局常务委员会的选举。一般是由上一届中央政治局提名、新选出的中央委员会全体会议酝酿正式候选人名单，并进行无记名投票，选举产生中央政治局委员和中央政治局常务委员会委员。最后是中央总书记的产生。总书记是中共中央委员会负责人，由中央委员会全体会议选举，必须从中央政治局常务委员会委员中产生。

事实上，中国共产党的党政领导干部选拔任用程序和要求十分严格。一是既“选”又“举”，有民意测验与投票，也有组织推荐与考察，力求选出有贤能的干部；二是重视德才兼备，特别是在“德”的方面对干部有严格要求；三是注重实绩，力求选出有能力和实干精神、群众认可的领导干部。

根据《中华人民共和国宪法》和有关法律规定，作为最高国家权力机关，全国人民代表大会有权选举全国人大常委会组成人员，国家主席、副主席，中央军委主席，最高人民法院院长和最高人民检察院检察长；有权决定国务院组成人员和中央军委其他组成人员的人选。

同时，中国有关法律规定，全国人民代表大会进行选举时，由主席团提名推荐候选人。实践中，主席团是根据中共中央的建议提出候选人名单的。这是因为，中国共产党是执政党，是国家的领导力量。中国共产党要培养、选拔并向国家机关推荐重要干部，从

2018 年 3 月 17 日，十三届全国人大一次会议在北京举行第五次全体会议，选举产生新一届国家领导人。图为代表投票。

而保证党的路线、方针、政策能够通过这些干部得到贯彻实施。

提名结束后，各代表团根据主席团提名名单酝酿候选人。主席团根据多数代表的意见确定正式候选人名单。其中，全国人大常委会委员长、副委员长、秘书长、委员的人选，须在代表中提名。国务院总理的人选，由国家主席提名；国务院副总理、国务委员、各部部长、各委员会主任、中国人民银行行长、审计长、秘书长的人选，由国务院总理提名；中央军事委员会副主席、委员的人选，由中央军事委员会主席提名。

正式候选人名单确定后，由全国人民代表大会代表在全体会议上以无记名投票方式进行选举或者表决。按照有关规定，对选举票上的候选人，代表可以赞成，可以反对，也可以弃权；表示反对的，可以另选他人，表示弃权的，不能另选他人。对表决票上的人选，代表可以赞成，可以反对，也可以弃权，但不能另提人选。选举或者决定的人选，获得的赞成票超过全体代表的半数，始得当选或者通过。在差额选举中，如果获得过半数选票的候选人多于应选人数的，则以得票多的当选。

中国这种有效的人才培养和选拔机制，放在世界范围来看也是优越的。西方国家耗费巨大资金、通过大众投票方式产生领导人，能力往往不是第一位的。影响选举的因素众多，如宗教信仰、性别、种族、形象、是否会作秀和演讲、是否有足够的金钱支持等，但最重要的能力却被边缘化。像特朗普，可以说没有丝毫的从政经验，结果却被选出来管理整个国家。这在中国是不可想象的。

中国的国家领导人由全国人民代表大会选举或决定，体现了国家一切权力属于人民的宪法精神，这也是中国式民主在干部选拔任用上的重要体现。

第六章

中国的选举制度和基层民主的运行

毫无疑问，选择什么样的民主制度，或者什么样的民主参与形式，完全取决于一个国家的历史和文化传统以及政治、经济制度等。正如中国确立了公有制的主体地位之后，必须建立公有制的多样化实现形式一样，在确立社会主义民主政治制度之后，也必须努力寻求人民当家作主的具体实现形式。今天的中国，人民群众参与政治和表达利益诉求的形式日益多样化，比如民主选举、社会协商对话、网络监督，以及以农村村民委员会、城市居民委员会和企业职工代表大会等为主要内容的基层民主自治体系，等等。这些多样化途径和形式，为中国人民行使民主权利提供了日益广阔的渠道。

建立多层次选举制度

选举制度是现代民主政治的支柱，选举权是公民政治权利的基础。当今世界，选举主要有两种形式：一种是间接选举，实行代议制民主；另一种是直接选举。选举在中国不同的政治层面上得到广泛运用，如各级人民代表大会代表选举、中国共产党党内选举、中国城乡基层选举、高等院校的学生会组织选举，等等。

在中国的各种选举中，各级人民代表大会代表选举是最重要也是影响最大的选举。按照中国的宪法和有关法律规定，不设区的市、市辖区、县、自治县、乡、民族乡、镇的人民代表大会代表，由选民直接选举产生；全国人民代表大会代表，省、自治区、直辖市、设区的市、自治州的人民代表大会代表，均由下一级人民代表大会选举产生。

中国实行直接选举和间接选举并用的民主选举制度是从1953年开始的。基于当时的实际情况，选举法只规定基层人大代表由直接选举产生，县以上（包括县）地方各级人大和全国人大代表都由间接选举产生。随着政治、经济、文化等各方面的发展，1979年中国的选举法规定，直接选举扩大到县级。人民代表大会代表选举制度，实质就是人民用选票选出自己的代表，并通过自己的代表来间接参与和管理国家事务。

1979年选举法颁布后，中国的人民代表大会代表选举制度经过了多次修改和完善。进入21世纪以来，就进行了三次修改。

第一次是2004年选举法修正案。这个修正案主要修改了三处：

一是在基层人大代表选举的相关条款中，恢复了直接选举中的预选，规定："如果所提候选人的人数超过本法第三十条规定的最高差额比例，由选举委员会交各该选区的选民小组讨论、协商，根据较多数选民的意见，确定正式代表候选人名单；对正式代表候选人不能形成较为一致意见的，进行预选，根据预选时得票多少的顺序，确定正式代表候选人名单。"

二是在候选人介绍环节，增加规定"选举委员会可以组织代表候选人与选民见面，回答选民的问题"。此前的多次修改，只规定选举委员会或者人民代表大会主席团"应当向选民或者代表介绍代表候选人的情况"，推荐者"可以在选民小组或者代表小组会议上介绍所推荐的代表候选人的情况"。本次修改越过了过去的公式化介绍形式，使候选人与选民见面、交流成为可能，使选举向着民主、竞争的方向实质性前进了一步。

三是在罢免程序上，规定破坏选举的行政违法和刑事犯罪行为的种类。

第二次是2010年选举法修正案。这次修改的力度更大，主要包括：

一是城乡选举"同票同权"。新修改的选举法规定："全国人民代表大会代表名额，由全国人民代表大会常务委员会根据各省、自治区、直辖市的人口数，按照每一代表所代表的城乡人口数相同的原则以及保证各地区、各民族、各方面都有适当数量代

2016 年 11 月 15 日，13000 多名北方工业大学师生陆续来到投票站，参加北京市石景山区人大代表换届选举投票。

表的要求进行分配。”

二是选民可以要求与候选人见面。选举法规定：“选举委员会根据选民的要求，应当组织代表候选人与选民见面，由代表候选人介绍本人的情况，回答选民的问题。”毫无疑问，只有选民对候选人有了一定的了解，才能更好地行使选举权利；也只有有了与选民的见面和互动，候选人才会知道自己的履职能力、设想与选民的要求、想法是否配得上位。这是选举制度的巨大进步，也是选举民主的重要发展。

三是保证基层代表数量。选举法规定："全国人民代表大会和地方各级人民代表大会的代表应当具有广泛的代表性，应当有适当数量的基层代表，特别是工人、农民和知识分子代表等。"之所以做这个规定，是因为基层人大代表由选民直接选举产生，在群众中享有较高威望，一方面可以把百姓的呼声和诉求反映给党和政府，使党和政府的决策更加符合民情民意，另一方面又可以把党和政府的决策部署及时传达给百姓，为百姓解疑释惑，推动相关决策部署及政策法规的贯彻落实，实现政策决议与百姓呼声民意的有效衔接和良性互动。

四是完善投票选举程序。选举法规定："选举时应当设有秘密写票处。""选举委员会应当根据各选区选民分布状况，按照方便选民投票的原则设立投票站，进行选举。选民居住比较集中的，可以召开选举大会，进行选举；因患有疾病等原因行动不便或者居住分散并且交通不便的选民，可以在流动票箱投票。""经选举委员会同意，可以书面委托其他选民代为投票。每一选民接受的委托不得超过三人，并应当按照委托人的意愿代为投票。"

五是监票人、计票人实行回避。选举法规定："代表候选人的近亲属不得担任监票人、计票人。"

经历这次较大幅度的修正，人民代表大会代表的选举制度日益完善起来，人民代表的代表性和广泛性得以极大地延展。这次选举法修正，成为中国选举制度向前迈进、不断完善的见证，标志着中国选举民主又向前迈出了历史性的一步。

2011 年 11 月 2 日，北京市石景山区八角社区的四位人大代表候选人与选民见面，向选民介绍自己的履历和当选代表后的履职理念，并回答选民提问。

第三次是2015年选举法修正案。新选举法规定：“中国公民参加各级人民代表大会代表的选举，不得直接或者间接接受境外机构、组织、个人提供的与选举有关的任何形式的资助。”违反这一规定的，不列入代表候选人名单；已经列入代表候选人名单的，从名单中除名；已经当选的，其当选无效。

经过多次修改完善，中国逐步形成了更加民主、更加科学、更加有效，选举程序和选举办法更加简便、更加易行、更加规范的具有鲜明中国特色的选举制度。从1979年到2020年，中国先后进行过13次乡级人大代表直接选举，12次县级人大代表直接选举，10次设区的市级以上人大代表间接选举。如今，随着中国政治、经济、社会的发展进步，人民代表大会代表选举发生了巨大变化。享有选举权的主体从有限发展到普遍，选举权的平等性从着眼于实质平等逐渐向统一实质与形式平等方向发展，从记名投票发展到无记名投票，直接选举范围从基层扩大到县级，从等额选举发展到差额选举，等等。所有这些变化，充分彰显了中国选举民主的发展进步。

中国农民怎样参与民主

中国14亿多人口中有近6亿生活在农村，这是一个庞大的群体。如何扩大和发展农村基层民主，使农民在所在村庄真正当家作主，充分行使自己的民主权利，是中国民主政治建设的重大问题。

经过多年的探索和实践，中国共产党领导亿万农民找到了一条适合中国国情的推动农村基层民主政治建设的途径，这就是实行村民自治。

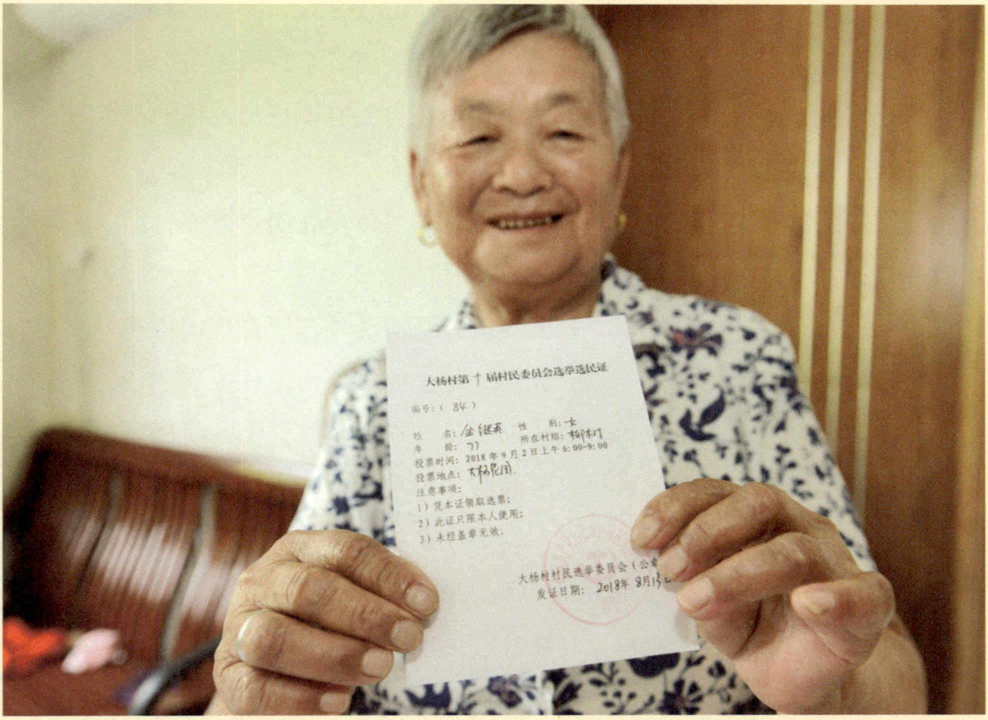

2018 年 8 月 14 日，安徽省合肥市庐阳区大杨镇大杨村，77 岁的村民金继英展示自己的村民委员会选举选民证。

什么是村民自治？在中国，村民自治是指农村村民直接行使民主权利，依法办理自己的事情，实行自我管理、自我教育、自我服务的一项基本制度。它始于20世纪80年代初期，发展于20世纪80年代，普遍推行于20世纪90年代，已成为在当今中国农村扩大基层民主和提高农村治理水平的一种有效方式。

如今，中国各省、区、市都已经制定或修订了村民委员会组织法实施办法或村委会选举办法，使村民自治有了更加具体的法律法规保障。

按照法律规定，中国农村村民自治主要体现在四个方面，即民主选举、民主决策、民主管理和民主监督。

民主选举。按照宪法、村民委员会组织法等法律法规，由村民直接选举或罢免村民委员会成员。村民委员会由主任、副主任和委员三人至七人组成，每届任期三年。在选举过程中，村民委员会成员候选人由村民直接提名和参加投票选举，当场公布选举结果，做到公正、公开、公平。据不完全统计，全国农村居民的平均参选率在80%以上，有的地方高达90%以上。

民主决策。凡涉及村民利益的重要事项，都由村民会议或村民代表会议讨论，按多数人的意见作出决定。鉴于中国农村千差万别，村庄规模大小不一，在一些人数较多、居住分散的村庄，村民会议面临难组织、难召开、难议决的实际困难，而通过设立村民代表会议，较好地解决了这个问题。目前，中国90%的农村已经建立了实施民主决策的村民会议或村民代表会议制度。

民主管理。依据中国法律法规和有关政策，结合本地实际情况，由全体村民讨论制定或修改村民自治章程或村规民约。村民委员会和村民按照自治章程，实行自我管理、自我教育和自我服务。目前，中国90%以上的村庄制定了村民自治章程或村规民约，建立了民主理财、财务审计、村务管理等制度。

民主监督。村民通过村务公开、民主评议村干部、村民委员会定期报告工作、对村干部进行离任审计等制度和形式，监督村

2013 年 1 月 9 日，河南省平顶山市宝丰县商酒务镇商酒务村，村民们正在查看村务公开信息。

民委员会工作情况和村干部行为。特别是村务公开，得到了农村村民的普遍欢迎。

自2013年以来，随着村民委员会选举法的修订及相关法规的完善，中国农村基层民主有了新的发展。

一是有序推进了中国的基层民主选举。全国各省（自治区、直辖市）实现了村民委员会换届选举统一届期、统一部署、统一指导、统一实施，参选率达90%以上，优化了村民委员会班子结构。

二是完善了基层民主管理和民主监督机制。全国98%的村制定了村规民约或村民自治章程，社会主义核心价值观得到充分体现；农村实现村务监督委员会全覆盖，普遍实行村务公开；农村干部述职、问责等机制逐步健全，全国每年约有170多万名村干部进行述职述廉，对23万多名村干部进行经济责任审计，民主评议村干部210多万人次。

三是探索推进以村民小组或自然村为基本单元的村民自治试点工作，推动实现村民自治地域范围与农村实际情况和农民意愿相一致。近年来，中国加大对“村霸”和宗族恶势力的整治力度，严惩各种违法违纪行为，充分保护农村村民的民主权利。

中国农村基层民主与村民自治的成功实践，是中国共产党领导亿万农民发展中国特色社会主义民主政治的伟大创举。扩大农村基层民主，实行村民自治，激发了广大农民当家作主的积极性、创造性和责任感，掀开了中国农村民主政治建设的新篇章。

城市居民参与民主的渠道

在中国，城市居民委员会是城市居民实现自我管理、自我教育、自我服务的基层群众性自治组织，是在城市基层实现直接民主的重要载体和制度安排。

如同农村村民自治，城市社区居民自治的主要内容也是实行民主选举、民主决策、民主管理和民主监督。中国基层市民通过这些民主实践形式，参与兴办社区公共事务和公益事业。作为城市社区民主最重要的组织载体，社区居委会的产生和建立非常关键，是城市基层民主得以发展的初始条件。

在社区居民自治活动中，民主选举涉及所有的社区自治组织，社区居民代表会议代表成员、居委会成员以及居民小组长都必须经过选举产生，其中最重要的是居委会成员的选举。选举的形式经历了由候选人提名到自荐报名，由等额选举到差额选举，由间接选举到直接选举的变化，并打破了地域和身份的限制，民主程度不断提高。近年来，城市社区居民直选蓬勃发展。国家有关部门对26个试点城区的调查表明，城市社区居民对社区居民委员会直选持积极参与的态度，超过九成选民参加了投票。通过直选成立的社区居民委员会呈现出年轻化、知识化和职业化的趋势。

社区居民自治中的民主决策，是指全体社区居民通过社区居民会议、协商议事会、听证会等有效形式和渠道，对社区内公共事务进行民主决策。城市居民委员会组织法规定，涉及全体居民利益的重要问题，居民委员会必须提请居民会议讨论决定。民主决策的共同性内容，主要包括社区整体规划改造方案、社区公益事业发展规划、社区财务与社区建设公益管理及社区资金筹集方案与费用摊派等。

社区居民自治中的民主管理，是指依靠和发动社区居民，通过制定对社区成员具有约束力的规章制度，采用民主的手段与方式，共同管理社区内部事务，维护社区内正常和谐的秩序。社区民主管理主要有社区内部公共社会事务管理和政府委托社区协管事务管理两方面的内容。民主管理有利于增强居民当家作主的意识，实现“社区的事大家管”。

2015 年 9 月 1 日，安徽省合肥市稻香村街道合作化南路社区举行社区居民委员会换届选举大会，辖区居民依法行使自己的选举权和被选举权，选举产生新一届社区居委会。

社区居民自治中的民主监督，其重点对象是居民委员会的工作，比较典型的方式是居民委员会事务公开。实行居民委员会事务公开，凡是居民关心的热点、难点问题和涉及全体居民切身利益的重大事务，都要及时向居民公开，并通过召开居民评议会，听取居民意见，接受居民监督。

自2013年以来，中国城市社区居民自治和基层民主有了进一步发展。在修订完善城市居民委员会组织法的基础上，中国顺利完成全国各省（自治区、直辖市）居民委员会换届选举，居民参选率达90%以上；城市社区普遍制定居民公约或居民自治章程，社会主义核心价值观得到充分体现；城市社区居民委员会事务监督形式日渐丰富，普遍实行居民委员会事务公开。

随着城乡基层民主的发展，基层群众性自治组织依法依规对驻区单位、社区社会组织、物业服务企业等开展监督，充分发挥社区多元主体作用，推进驻区单位共建共享，形成多方参与、共同治理格局，健全覆盖城乡、体系完备的社区服务网络，不断增强基层发展活力。同时，基层群众性自治组织在积极宣传法律法规和国家政策、推进文化教育科技知识普及、促进男女平等，以及满足群众利益协调、诉求表达、矛盾调处、权益保障等需求方面，发挥了越来越积极的作用。

职工代表大会的制度安排

在当代中国，广大职工在企业中享有的当家作主的民主权利，主要通过职工代表大会制度来实现。职工代表大会是保证职工对企业实行民主管理的基本制度。

中国宪法、全民所有制工业企业法、劳动法、工会法和全民所有制工业企业职工代表大会条例等法律法规，均对职工代表大会制度作了相应规定。依据有关法律，职工代表大会具有五项职权：对企业生产经营、发展计划和方案有审议建议权；对工资、奖金、劳动保护、奖惩等重要规章制度有审查通过权；对有关职工生活福利等重大事项有审议决定权；对企业行政领导干部有评议监督权；对厂长有推荐或选举权。

在中国，职工代表大会具有广泛的群众基础，代表中不仅有工人，还有科技人员、管理人员和其他工作人员，能够代表全体职工民主管理企业。职工代表大会闭幕后，由企业工会委员会作为职工代表大会的工作机构，负责职工代表大会的日常工作。中国工会是中国共产党领导的职工自愿结合的群众性组织，是当代中国重要的社会政治团体。其基本任务之一，就是依法维护职工的民主权利，组织职工参与企业的民主管理；保障职工的生活福利，协助和督促企业办好职工福利事业等。因此，在企业民主管理方面，基层工会和职工代表大会的职责是一致的。而且，企业工会有一套比较完整的组织结构，由工会作为职工代表大会的工作机构，负责职工代表大会的日常工作，既可以保证职工代表大会大量日常工作切实开展，又能够精简机构。

中国广大职工参与民主的实践形式主要有五种：

一是民主管理。根据新修改后的工会法规定，不管是国有或国有控股企业，还是集体、个人、私营企业，都必须建立和健全职工代表大会制度和其他民主管理制度，以保障与发挥工会组织和职工代表在审议企业重大决策、监督行政领导、维护职工合法权益等方面的权利和作用。

二是民主选举。目前中国各类企业开展了程度不同的民主选

2017 年 7 月 13 日，在安徽省合肥市杏花村街道一家企业举行的职工代表大会上，职工代表和企业代表签订《企业集体合同》《女职工特殊利益保护专项集体合同》。

举企业中层以上管理人员活动，企业职工或直接参与选举，或通过职工代表参与选举。部分省市还建立了民主选举企业领导人的制度和程序。

三是厂务公开。中国共产党和中国政府要求国有或国有控股企业、集体企业把企业职工关心的热点问题、廉政建设中的关键问题以及企业改革发展中的主要难点问题作为厂务公开的重点，使职工知晓有关情况，对关系自己切身利益的重要决策行使表决权，对领导干部行使监督权。被称为“阳光工程”的厂务公开制度已在全国普遍推行。

四是民主决策。目前，中国一些企业还实行热点问题表决制度，凡绝大多数职工关注的热点问题，一律提交职工代表大会表决。

五是民主协商。在中国，很多企业都实行民主对话制度。在民主对话会上，企业职工与企业行政“面对面”进行民主对话，就企业发展过程中出现的问题、企业职工的利益展开讨论，这是企业劳资双方良性互动的重要方式。

近些年来，职工代表大会在实行民主管理、协调劳动关系、保障和维护职工合法权益、推进企事业单位的改革发展等方面发挥了不可替代的作用。与此同时，在中国非公有制企业中，企业民主也得到迅速发展。尤其是一些大规模的非公有制企业，都十分重视加强企业的民主管理。2020中国民营企业500强分析报告显示，超过八成的非公企业推行了厂务公开、民主管理等制度，大多数非公企业都建立了职工代表大会制度。

总体来说，存在于中国农村、城市社区、厂矿企业中的基层民主自治，是全过程人民民主最广泛的实践形式，客观上也是民主政治中成本最低、影响最深最广的实践形式。它们真正实现了民事民管、民事民议、民事民办、民治民享，为中国人民当家作主提供了广阔的舞台，为广大基层群众直接行使民主权利提供了最基本的制度保障。

第七章

中国式民主制度充分保障人权

人权是人民享受的民主权利之一。人权问题既有普遍性，又存在特殊性。中西方在追求人权的基本理想目标、价值和内容上存在着广泛的共同性。但是，由于历史、自然、文化、社会制度等多种因素的影响，中西方在对人权的理解和实现方式上存在着明显的差异。中国根据自己的实际情况，成功地走出了一条符合自身国情的人权发展道路，不仅丰富了人类普遍追求的民主的实现形式，而且为推动世界人权事业发展作出了中国贡献。

中国的人权观

由于中西方对人的理解、对权利概念的理解不同，因而在人权观上存在着明显差异。西方文化比较强调自然人，即人的自然属性、个人性、利己性以及个人与他人的分离性；中国文化则比较强调社会人，即人的社会性、道德性以及个人对他人的依存性。与此相适应，在人权观上，西方比较强调追求私有财产和个人自由的权利，注重个人权利，而中国则是比较强调个人权利与集体权利、权利与义务的相互联系。西方文化注重“争”，中华民族讲究“和为贵”，强调合作与对话。从一定意义上说，这也是中国在人权问题上主张对话、反对对抗的重要思想文化基础。

正是由于历史和文化上的差异，中国形成了自己较为系统的人权理念。

人权是一定历史条件下的产物，会随着历史条件的发展而发展。各国发展阶段、经济发展水平、文化传统、社会结构不同，所面临的人权发展任务和应采取的人权保障方式也会有所不同。中国主张尊重人权发展道路的多样性，反对把自己的人权观强加给别人。中国认为，只有将人权的普遍性原则同各国实际相结合，才能有效地促进人权的实现。世界各国在人权保障上没有最好，只有更好；世界上没有放之四海而皆准的人权发展道路和保障模式，任何国家不能充当人权教师爷，人权事业发展必须也只能按照本国国情和人民需要加以推进。

人权首要的是生存权和发展权。贫穷是实现人权的最大障碍。没有物质资料的生产和供给，人类其他一切权利的实现都是非常困难或不可能的。生存权利的有效保障、生活质量的不断提高，是享有和发展其他人权的前提和基础。1840年鸦片战争以来，中国长期遭受列强的侵略，国家极度贫穷落后，人民困苦不堪，连最基本的温饱问题都没有得到解决，根本毫无权利可言。中国人民深知免于贫困、免于饥饿为生存之本。中华人民共和国成立后，中国共产党始终把解决人民的生存权、实现人民的发展权作为第一要务，不断解放和发展生产力，致力于消除贫困、提高发展水平，为保障人民各项权利的实现创造了基础条件。

人权是个人人权与集体人权的有机统一。与西方理念不同，中国人普遍认为，没有个人的发展，就没有集体的发展；同时，也只有在集体中，个人才能获得全面发展。在当代中国的人权实践中，国家既重视集体人权的发展，又重视个人人权的保障，努力使二者相互统一、相互协调、相互促进。个人权利只有与集体权利统一起来，才能实现人权的最大化。中国在国家富强、民族振兴和人民幸福融为一体的发展中，最大限度地保障每一个人和全体人民的各项权利。

检验人权实现的标准，不是挂在嘴上的口号，更不是写在纸上的条文。美国常常把人权挂在嘴上，自我标榜为“人权卫士”，但其国内人权状况却不断恶化。枪击事件夺走众多无辜生命，暴力执法让移民难民处境艰难，针对少数族裔的歧视和攻击愈演愈烈，单边主义在全球引发人道主义灾难。相反，中国共产党和中国政府始终把人民放在人权事业的主体地位上，把人民幸福感、安全感、获得感放在第一位，目的就是让人民过上好日子，使发展成果更多更公平地惠及全体人民，让每个人更好地发展自我、幸福生活，让每个人都能够免于恐惧、不受威胁。这是实现人人享有更加充分人权的真谛所在。

人权的最高价值追求是促进人的自由全面发展。每个人的自由发展是一切人的自由发展的条件。人权的主体是人，人权事业发展从根本上说是人的发展，要为人实现自身潜能创造条件。中国全面建成小康社会和实现中华民族伟大复兴的中国梦，就是要让人民享有更好的教育、更稳定的工作、更满意的收入、更可靠的社会保障、更高水平的医疗服务、更舒适的居住条件、更优美的环境，让每个人都能更有尊严地发展自我和奉献社会，共同享有人生出彩的机会，共同享有梦想成真的机会，增进人民福祉，促进人的全面发展。

与西方某些国家不同，中国主张国际社会应秉持和平、发展、公平、正义、民主、自由的人类共同价值，维护人的尊严和权利，推动形成更加公正合理包容的全球人权治理。中国一直是国际人权事业健康发展的倡导者、践行者和推动者，反对将人权问题政治化和“双重标准”，主张国际社会以公正客观非选择的方式处理人权问题。

中国人权的历史性进步

中国人经常说，实干才是最漂亮的“语言”，“听其言观其行”，“语言并不能代替行动”。这些谚语，表达了中国人做事的基本态度。中国人很反感西方某些人总是把“人权”挂在嘴上，而不是真正关心发展中国家的生存权和发展权。

在中国人看来，生活幸不幸福，才是人权价值的核心。对美好生活的向往是推动人类文明进步最持久的力量，也是人权理念的根本价值所在。中国共产党和中国政府始终将人民对美好生活的追求视为民族解放、国家建设、经济增长、社会发展的持久而深厚的动力，始终把人民利益摆在至高无上的位置，始终践行全心全意为人民服务的宗旨，将人民利益的实现作为人权事业的立足点，着力解决人民最关心最直接最现实的利益问题。

纵观中国近代以来的历史，中国共产党领导中国人民推翻三座大山、建立新中国，开展社会主义革命和建设、改变一穷二白的国家面貌，实行改革开放、推进社会主义现代化建设，等等，都是为人民幸福而奋斗。进入新时代，中国人民期盼有更稳定的工作、更满意的收入、更好的教育和医疗、更充分的社会保障、更舒适的居住条件、更优美的环境、更丰富的精神文化生活，期盼下一代能够成长得更好、工作得更好、生活得更好。如何解决好人民日益增长的美好生活需要和不平衡不充分的发展之间的矛盾，更全面、更均衡、更充分实现人民利益，是新时代中国特色社会主义人权事业发展的根本问题导向。

中国共产党和中国政府聚焦人民日益增长的对美好生活的多样化、多层次、多方面的需求，在精准脱贫和就业、教育、医疗、养老等方面持续加大资金投入，让老百姓真正过上好日子。

国家积贫积弱、人民贫困如洗，是旧中国留给世人的深刻印象。新中国成立以来，尤其是改革开放40多年来，中国持续开展以农村扶贫开发为中心的减贫行动。近年来，中国共产党和中国

中国已建成世界上覆盖人群最多的社会保障体系。图为江苏省海安市曲塘镇万庄村的一位村民展示自己的社会保障卡和养老金。

政府把贫困人口脱贫作为全面建成小康社会的底线任务，推动农村贫困人口实现脱贫、贫困县全部摘帽，解决区域性整体贫困。经过持续努力，中国农村近8亿贫困人口（按照2010年贫困标准）全部摆脱贫困，农村贫困发生率下降至1%左右，实现了基本消除贫困的目标任务。中国成为世界上减贫人口最多的国家，也是第一个完成联合国千年发展目标减贫目标的发展中国家，对全球减贫贡献率超过70%。美国著名未来学家约翰·奈斯比特认为，从全球背景来看，中国减贫努力对寻求摆脱贫困的新兴经济体具有巨大价值。

在摆脱贫困的过程中，中国把更多的财力投入民生领域，让人民过上有尊严的生活。

中国已建立起覆盖城乡的社会保障体系，形成世界上最大规模的社会保障安全网。2022年年末，全国参加基本养老保险人数超过10亿人，包括职工基本医疗保险、城乡居民基本医疗保险在内的基本医疗保险覆盖超过13亿人，基本实现全民医保。全国社会保障卡持卡人数13.68亿人，覆盖96.8%人口。

中国大幅提高教育普及率，形成世界上最大规模的教育体系。中国通过多年持续的努力，幼儿学前三年毛入园率达近90%，普惠性幼儿园在园幼儿覆盖率达80%；小学学龄儿童净入学率近100%，初中阶段毛入学率达100%，九年义务教育巩固率达95%以上；高中阶段教育基本普及，毛入学率达到90%以上；高等教育即将跨入普及化发展阶段，高等教育在学总规模超过4400万人，毛入学率超过50%。这些数字，是中国人的教育权利得到充分保障的生动体现。

中国高度重视劳动者就业问题，建立起日益完善的劳动者保障机制。近年来，中国每年实现城镇新增就业1300万人以上。2022年年末，全国就业人数73351万人。城镇登记失业率长期处于4%以内的较低水平。创造如此庞大规模的就业机会，这本身就是一个奇迹，是了不起的成就。与此同时，中国政府还致力于充分保障劳动者工资支付、同工同酬、休息休假、职业安全卫生、女

2021 年 5 月 16 日，全国助残日，河北省残疾人就业服务中心与该省人力资源市场服务中心共同举办“就业帮扶，同心圆梦”残疾人专场招聘会。

性劳动者特别保护、依法参加和组织工会、参与企事业单位民主管理等各项权利。中国普遍建立最低工资标准调整机制和评估机制，保障劳动者及其赡养人口的基本生活。

一位意大利朋友说，西方国家通常不重视《世界人权宣言》

中有关社会、经济和文化权利的条款，而是喜欢谈论所谓的西方式自由。尽管中国与西方国家在制度方面存在差异，然而在日常生活中，中国人享有的自由与西方国家的人相同。无论如何，必须承认的是，过去数十年来，中国人不仅在享有经济和社会权利等方面取得了巨大进步，而且在自由、民主、法治、公平、正义、安全、环境等方面的权益也得到了充分的保障。

中国充分尊重和保障人身权利和人格尊严。人身权利和人格尊严是人权保障的基本内容。中国始终注重人身权利和人格尊严的保障，宪法确认了公民人格权。2017年中共十九大再次强调保护人民人身权、财产权、人格权，彰显了保护人格尊严、促进人的全面发展的人文关怀。民法对人格权作了专门规定。中国大力推进户籍制度改革，放宽户口迁移政策限制，促进有能力在城镇稳定就业的常住人口有序实现市民化；严格依法保障住宅不受侵犯、通信自由和信息安全。

中国除了保障人民的选举权外，还重视保障人民的知情权、参与权、表达权、监督权。中国现已建立比较成熟的法律草案公开征求意见工作机制、完善的政务公开制度体系，以及公众参与国家重大事项决策的渠道。中国建立了健全的决策机制，把公众参与、专家论证、风险评估、合法性审查、集体讨论决定确定为重大行政决策法定程序，提高决策科学化、民主化、法治化水平。中国建立畅通民意表达的渠道，创新群众监督方式，建立便捷高效的网络表达平台，公民在网络上积极建言献策、表达诉求，有序参与社会管理。

中国实行宗教信仰自由政策，保障公民宗教信仰自由权利。中国有佛教、道教、伊斯兰教、天主教和基督教等宗教信教公民近2亿人，宗教教职人员38万余人，依法登记的宗教活动场所14.4

新疆伊斯兰教经学院的学生在上《古兰经》课。

万处，宗教院校92所。中国政府支持各宗教坚持独立自主自办原则，各宗教团体、宗教教职人员和信教公民自主办理宗教事业；政府依法对涉及国家利益和社会公共利益的宗教事务进行管理，但不干涉宗教内部事务。国家对待各宗教一律平等，一视同仁，不以行政力量发展或禁止某个宗教，任何宗教都不能超越其他宗教在法律上享有特殊地位。

事实胜过雄辩。如果不是基于偏见或意识形态立场，对于中国人权事业取得的历史性进步和成就，人们没有理由不为之点个大大的赞。

特定群体的权利保护

2020年10月，美国、英国等少数西方国家在第75届联合国大会第三委员会审议人权问题时，借所谓“新疆问题”指摘中国人权状况，恶意攻击中国政府的少数民族政策，抹黑中国形象。显然，这是与事实不符的意识形态偏见。

美国知名学者格兰德尼说，现在有很多谣传，抱怨中国政府的民族政策对少数民族实行“经济歧视”，甚至批评说中国政府对新疆实行移民政策，试图改变当地的民族结构。事实上，中国政府始终在就业等方面对少数民族给予特别关照。这种政策相当不错。中国政府还在新疆维吾尔自治区进行双语教学，保障宗教信仰自由，提供良好的教育机会等。

事实正如格兰德尼所说，中华人民共和国成立70多年来，中国政府结合国情采取了一系列有针对性的措施，切实保障少数民族的合法权益，让各族人民共享国家发展成果。

中国各民族自治地方依法享有广泛的自治权，包括政治、经济、教育、科学、文化、卫生等各项事业的自主管理权。民族自治地方的人民代表大会除享有地方国家权力机关的权力外，还有权依照当地民族的政治、经济和文化特点，制定自治条例和单行条例。

奶业是新疆传统优势产业。近年来，依托资金投入和政策扶持，新疆着力提高奶业规模化、集约化、标准化水平，加快推进新疆奶业做大做强。图为位于新疆莎车县艾力西湖镇的奶牛场，2020 年当地 160 户贫困户依靠奶牛场实现户均增收 5000 元。

在155个民族自治地方的人民代表大会常务委员会中，均有实行区域自治民族的公民担任主任或者副主任；民族自治地方政府的主席、州长、县长或旗长，均由实行区域自治民族的公民担任。

中国通过实施西部大开发、兴边富民行动、扶持人口较少民族、少数民族特色村镇保护与发展、对口支援以及制定少数民族事业专项规划等战略举措，持续加大投入力度，促进少数民族和民族地区经济社会发展。近年来，包括新疆在内的少数民族地区经济增长速度高于全国平均水平，百姓生活日新月异。

中国通过发展各级各类民族学校，举办内地预科班、民族班，对少数民族考生升学予以照顾，在广大农牧区推行寄宿制教育，着力办好民族地区高等教育等举措，促进教育公平，保障少数民族受教育权利。目前，民族地区已全面普及九年义务教育，西藏自治区、新疆维吾尔自治区的南疆地区等实现了从学前到高中阶段15年免费教育。

在中国，除回族和满族通用汉语文外，其他53个少数民族都有本民族语言，有22个少数民族有本民族文字。国家依法保障少数民族语言文字在行政司法、新闻出版、广播影视、文化教育等各领域的合法使用。以新疆维吾尔自治区为例，该自治区使用汉、维吾尔、哈萨克、柯尔克孜、蒙古、锡伯等6种语言文字出版报纸、图书、音像制品和电子出版物，使用多语言、多文种播送电视和广播节目等。国家在民族地区实施双语教育，基本建立起从学前到高中阶段的双语教育体系。

在中国，少数民族正常的宗教活动和宗教信仰依法受到充分保护。以多种语言文字翻译出版发行伊斯兰教、佛教、基督教等宗教典籍。目前，西藏自治区有藏传佛教活动场所1700多处，住寺僧尼4.6万多人。新疆维吾尔自治区有清真寺、教堂、寺院、

2012 年，西藏在全国率先实现 15 年公费教育，涵盖从学前教育到高中阶段。西藏还建立了从学前教育到高等教育阶段的学生资助体系，资助范围实现各学段全覆盖、公办民办全覆盖、家庭经济困难学生全覆盖。图为西藏自治区拉萨市城关区第三小学的孩子们正在食用营养午餐。

道观等宗教活动场所2.48万座，教职人员2.93万人，其中清真寺有2.44万座，学生可在伊斯兰教经学院接受本科教育，《古兰经》《布哈里圣训实录精华》等出版发行达176万余册。中国实行有组织、有计划的朝觐政策，加强服务保障，确保朝觐活动安全有序。

由此可见，中国在保护少数民族权益方面作出了巨大努力。如果要做一个横向比较的话，可以毫不夸张地说，中国的少数民族政策比美国的好得多、公平得多，中国的少数民族比美国的少数民族幸福、平等、有尊严得多。

除了充分保护少数民族的政治、经济、教育、语言、宗教等权利外，中国政府还十分重视保护妇女、儿童、老年人和残疾人等特定群体的合法权益，确保他们能够以平等的地位和均等的机会充分参与社会生活。

为世界人权事业贡献力量

中国在大力推进自身人权事业发展的同时，始终坚持平等互信、包容互鉴、合作共赢、共同发展的理念，积极参与联合国人权事务，严格履行国际人权义务，广泛开展国际人权合作，积极为全球人权治理提供中国智慧、中国方案，以实际行动推进全球人权治理朝着更加公正合理包容的方向发展。

参与国际人权事业。中国在1971年恢复联合国合法席位后，派团参与联合国大会和联合国经社理事会的历届会议，并积极参加有关人权议题的审议。自1979年起，中国连续三年作为观察员出席联合国人权委员会会议。1981年，中国在联合国经社理事会

2018 年 9 月 14 日，在联合国人权理事会第 39 次会议上，中国代表近 140 个国家呼吁携手合作消除贫困、更好促进和保护人权，表达了发展中国家的心声，得到广大发展中国家热烈响应。

组织会议上当选为人权委员会成员国。自1982年起，中国正式担任人权委员会成员国并一直连选连任。2006年人权理事会成立以来，中国已五次当选理事会成员。中国推荐的多名专家担任联合国经社文权利委员会、禁止酷刑委员会、消除种族歧视委员会、消除对妇女歧视委员会、残疾人权利委员会等多个多边人权机构或专门委员会的委员。

遵守国际人权义务。中国先后批准或加入了26项国际人权文书，其中包括《经济、社会及文化权利国际公约》《消除对妇女一切形式歧视公约》《消除一切形式种族歧视国际公约》等6项联合国核心人权条约。中国严格遵守条约规定，严格履行条约义务，注重将国内的立法、修法和政策制定等与条约规定相衔接，及时提交履约报告，全面反映中国履约过程。

中国在不断推进自身人权事业的同时，还积极支持广大发展中国家摆脱殖民统治、实现民族独立、消除种族隔离的正义事业，努力提升发展中国家的发展能力、提供发展援助、进行人道主义援助，在维护世界和平与发展、推动国际人权事业发展进步等方面作出重大贡献。

中国注重推动广大发展中国家人民生存权、发展权的实现，长期在基础设施及教育、卫生、农业等领域向亚洲、非洲、拉丁美洲等的发展中国家和地区提供支援和帮助。中国在提供国际援助时，坚持不附带任何政治条件、不干涉受援国内政，始终做到相互尊重、平等对待、重信守诺。多年来，中国同多个发展中国家建立了经济技术合作关系，援建了坦赞铁路、毛里塔尼亚友谊港、中非友谊医院、老挝琅勃拉邦医院、斯里兰卡纪念班达拉奈克国际会议大厦、埃及开罗国际会议中心、肯尼亚国际体育中心、坦桑尼亚国家体育场等一批重大基础设施。中国多次主动免

中国政府援建的非洲联盟会议中心，被誉为中非传统友谊和新时期合作的里程碑。

除与中国有外交关系的最不发达国家、重债穷国、内陆发展中国家、小岛屿发展中国家的债务。

中国助力提升发展中国家发展能力。近年来，中国先后设立南南合作援助基金、南南合作与发展学院、金砖国家经济技术合作交流计划等，通过举办培训、外派管理人员和技术专家、提供奖学金等方式，帮助其他发展中国家培养人才。中国发起成立亚洲基础设施投资银行、丝路基金，与其他金砖国家共同发起成立新开发银行等国际金融机构，充分借助上海合作组织、金砖国家等机制的带动作用，提出共商共建共享"一带一路"倡议，与沿线国家和地区达成合作项目，主动分享发展机遇和经验，为增进各国民生福祉作出新贡献。

中国积极开展人道主义援助，且从不干涉被援助国内政，充分尊重当地人文环境和风俗习惯。中国加入联合国儿童基金会、世界粮食计划署，恢复了在联合国难民署执委会的活动，并多次向其捐款捐物。中国建立人道主义紧急救灾援助应急机制，向朝鲜、孟加拉国等国提供粮食等人道主义物资援助；向东南亚国家提供防治禽流感技术援助；就几内亚比绍蝗灾和霍乱，墨西哥甲型H1N1流感，非洲埃博拉、黄热病、鼠疫等传染病疫情，及其他遭受自然灾害的国家提供物资、现汇或人员等人道主义援助。在2011年利比亚撤侨行动中，中国协助亚洲、欧洲12个国家撤离约2100名外国公民。在2015年也门撤侨行动中，中国协助亚洲、非洲、欧洲、美洲15个国家撤离279名外国公民。

中国是维护世界和平与安全的重要力量。中国在巴勒斯坦问题、伊朗核问题、朝鲜半岛问题、叙利亚问题等重大国际、地区热点问题上积极建言献策、身体力行，呼吁各方冷静克制，以政治外交等手段和平解决争端。中国是联合国安理会常任理事国中

中国作为联合国安理会常任理事国，是维和行动主要出兵国和出资国。图为 2018 年 3 月 1 日，中国第五支赴利比里亚维和警察防暴队在圆满完成维和任务后回国归建。

派出维和人员最多的国家，也是联合国维和行动第二大出资国。中国已累计向苏丹、黎巴嫩、柬埔寨、利比亚等国家和地区派出维和军事人员近4万余人次，先后派出维和警察近3000余人次，先后参加数十项联合国维和行动，发挥了一个负责任大国应有的作用。

然而，反观一直以“人权教师爷”自居的美国，过去20年以反恐之名，在伊拉克、叙利亚、阿富汗发动的军事行动造成超过80万人死亡，其中约有33.5万是平民。这些国家无不深陷混乱、失序、倒退的泥潭。现如今，美国的战争活动向多领域、多维度趋势发展，从直接发动战争到支持代理人战争，从煽动他国内战到制造国家间冲突，从传统军事战到新型经济金融战、科技网络战、舆论信息战，变本加厉、花样迭出。由此可见，美国为了维护全球霸权，为了一己私利，视全世界数千万民众最基本的生存权和发展权为无物，根本没有一个大国该有的样子。

第八章

人民民主
嵌入中国国家治理体系

全过程人民民主，不仅需要完整的制度程序，而且需要完整的参与实践路径。在当今中国，人民当家作主具体地、现实地体现在中国共产党执政和国家治理之中，具体地、现实地体现在国家权力、司法机关运行之中，也具体地、现实地体现在人民参与社会治理之中。可以说，在中国，国家治理本质就是民主治理。

中国共产党民主执政

在70多年的执政实践中，中国共产党形成了较为成熟的民主执政理念，探索出高效的国家治理模式。中国共产党主要是通过制定大政方针、提出立法建议、推荐重要干部、进行思想教育、发挥党组织和广大党员的作用和影响等来实现党对国家和社会的领导。

具体来说，中国共产党民主执政的路径体现在三个层面：

第一个层面，建立健全高效的领导体制，不断完善民主工作机制。中国共产党按照执政党总揽全局、协调各方的原则，规范中国共产党的委员会与人民代表大会、人民政府、人民政协和人民团体的关系。一方面，中国共产党的委员会在同级各种组织中发挥领导核心作用，支持各方独立负责、步调一致地开展工作，通过这些组织中的党组织和党员干部贯彻党的路线方针政策，贯彻党的委员会的重大决策和工作部署。另一方面，支持人民代表大会依法履行国家权力机关的职能，经过民主讨论和法定程序，使中国共产党的主张成为国家意志，使党组织推荐的人选成为国家政权机关的领导人员，并对他们进行监督。同时，中国共产党

全国人大及其常委会依法行使重大事项决定权和任免权，审查和批准国民经济和社会发展规划、国家的预算等事项，任免国家机关工作人员，使党的主张通过法定程序成为国家意志，保证党领导人民有效治理国家。图为 2016 年 3 月，十二届全国人大四次会议表决通过国民经济和社会发展第十三个五年规划纲要。

支持政府履行法定职能，依法行政；支持审判机关和检察机关依法独立公正地行使审判权和检察权；支持政协围绕团结和民主两大主题，履行政治协商、民主监督、参政议政的职能；加强同民主党派合作共事，充分发挥中国特色社会主义政党制度的特点和优势；支持人民团体依照法律和各自章程独立自主地开展工作，更好地发挥中国共产党联系各方面人民群众的桥梁和纽带作用。

第二个层面，建立健全党内民主制度，用党内民主带动人民民主。这是中国共产党民主执政的重要内容。近年来，中国共产党在党章规定的党员权利义务的基础上，不断完善党员民主权利行使的程序，使党员行使民主权利更加制度化、规范化。逐步推行党务公开，建立和完善党内情况通报、重大决策征求意见、领导干部重大事项报告和收入申报等制度，确保普通党员的知情权、参与权、监督权。同时，中国共产党按照集体领导、民主集中、个别酝酿、会议决定的原则，努力健全完善党委内部的议事和决策机制，重点加强各级党委全体会议的作用。中共中央总书记需定期代表中央政治局常委会向中央委员会报告工作。各级地方党委领导班子按照中央的要求，也需要向同级党委全委会述职和报告工作，接受同级党委全委会的监督。

第三个层面，注重发挥人民群众民主监督作用，确保党员干部正确行使权力。中国共产党与中国人民的关系非常密切，通常用血肉联系、鱼水情等来比喻。一切为了群众、一切依靠群众，是中国共产党走到今天的重要法宝。中国共产党相信，群众的眼睛是雪亮的，党员干部身上的问题，群众看得最清楚，最有发言权。因而在中国，人民群众监督是外部监督的重要形式，是构成中国全面覆盖、权威高效的监督体系的重要一环。

习近平总书记常说，只有织密群众监督之网，开启全天候

四川省遂宁市大英县派出纪检干部不定期巡回下乡开展信访接待活动，及时倾听群众呼声，解决群众诉求。

探照灯，才能让“隐身人”无处藏身。为了让群众更好地监督党的组织和党的干部，中国共产党建立了很多制度化的便利渠道。譬如，对于干部选拔、重大决策、工作过程等党务政务信息，中国共产党都最大限度地对外公开，充分保障群众的知情权，鼓励群众监督，促进群众参与，欢迎群众批评。同时，中国共产党十分注重深入群众进行调查研究，带着责任深入群众当中，倾听群众呼声，体察群众疾苦，虚心向群众请教。中国共产党的领导人和党员干部常常到那些困难多、问题多的地方，同群众“身挨身坐、心贴心聊”，面对面地接受群众的监督，真心实意解决群众反映强烈的突出问题。中国还建立了完善的信访举报制度，设立信访举报信箱、党风政风监督热线、群众来访接待室、网络举报平台、领导干部接待日等。这些制度安排，不仅畅通了群众监督的渠道，解决了群众关心的问题，而且密切了党同群众的联系。

监督要真正具有威慑力，根本上靠的还是制度。为了保障群众监督权利得到真正落实，也为了鼓励人民群众监督的积极性，中国共产党的党内法规明确规定，党内监督机构必须以适当方式向监督主体反馈办理情况，确保件件有回音、事事有着落。对群众监督查实的违反党的纪律的典型问题，或者典型案件，都要通过各种媒体进行通报或曝光，让广大人民群众切身感受到监督的效果，也让党员干部感受到群众监督的力量。近年来，党内一些干部被查处、罢免，很多都源于群众的举报监督。

中国政府民主

中国政府是人民的政府。为人民服务、对人民负责，支持和保证人民行使当家作主的权利，是中国政府全部工作的根本宗旨。中国各级政府按照民主执政的要求，建立起行为规范、运转协调、公正透明、廉洁高效的行政管理体制，提高政府行政能力。

依法行政，是中国政府施政的基本准则，也是政府民主的体现。在当代中国，法律对依法行政作了详尽的规定，譬如，行政机关只能行使法律授予的与其职能相一致的权力；行政权的行使，不得与法律相抵触；行政权的行使，必须以法律为依据；没有法律依据，不得使人民承担义务或免除特定人应负的义务，不得侵害人民的权利或为特定人设定权利；在法律允许行政机关作出自由裁量的情况下，其决定不得超过法律规定的范围和界限；行政机关有违法或不当行为，对公民、法人和其他组织的合法权益造成损害的，当事人有权申请复议或直接向人民法院起诉，通过行政复议程序和行政诉讼程序，纠正行政机关违法或不当行为，并对其造成的损害予以行政赔偿。概括起来说，依法行政就是做到既不失职又不越权。

为了保证行政机关既不失职又不越权，中国政府本着“以人民为中心”的理念，在进行行政立法时，高度关切人民群众的合法利益，注意推动经济和社会事业全面协调发展。多年来，国务院先后提请全国人大常委会审议安全生产法（草案）、传染病防治法（修订草案）、公务员法（草案）等法律议案，公布或修改公布了失业保险条例、城市居民最低生活保障条例、劳动保障监察条例、宗教事务条例、工伤保险条例、城市生活无着的流浪乞讨人员救助管理办法、婚姻登记条例、法律援助条例、道路交通

全面推进政务公开已成为中国各级政府部门的自觉行动。图为国务院新闻办公室举办新闻发布会。

安全法实施条例等行政法规。这些行政法规充分体现中国政府对社会各类群体的照顾，使政府行政体现更多的人文关怀。经过数十年的努力，如今中国各级人民政府的行政权力已逐步纳入法治化轨道。

在建设法治政府过程中，中国政府严格按照法定权限和程序行使职权，全面推行行政执法责任制，严格追究执法过错责任，强化执法人员依法行政意识，减少和杜绝执法随意性。在执法过程中，注意依法保障当事人和利害关系人的权益，纠正行政执法中损害群众利益和以权谋私等各种违法行为，切实做到严格执法、公正执法、文明执法。举例来说，2013年5月，陕西省延安市曾发生一起城管暴力执法事件，造成执法对象被踩踏致面部出血。此事发生后，依照相关法规，事件责任人很快受到撤职等处分，参与斗殴的两名城管人员分别被刑事拘留和行政拘留。这个案例从一个侧面表明，中国政府通过建立行政执法责任制，对执法人员的滥执法、乱执法、暴力执法等行为进行严厉处罚，为行政执法对象的合法权益提供法制保障。事实上，在中国，如果出现类似的暴力执法，执法者无一例外都会受到法律的制裁。

实行民主决策，是中国政府民主的又一体现。多年来，中国政府持续改革和完善决策机制，推进决策的科学化、民主化，通过各种形式支持和扩大公众对政府决策的有效参与。

为提高公众的参与度，中国各级政府办理的行政事项，能够公开的都必须向社会公开，保障人民群众对政府工作的知情权、参与权和监督权。譬如，中国政府特别要求学校、医院和水、电、气、公交等与人民群众利益密切相关的公共部门和单位，都必须全面推行办事公开制度。近年来，中国通过电子政务、政府新闻发言布和突发事件新闻报道等工作，不断提高政府工作透明度。

2017 年 7 月 20 日，陕西省西安市政府举行《西安市大气污染防治条例（修订草案）》立法听证会。

为推动民主决策，中国政府建立了社会听证和公示制度。中国的立法法、价格法、行政许可法和收费公路管理条例等法律法规对举行听证作出明确规定，一些地方政府就行政决策的听证制定了政府规章。2002年1月，政府有关部门第一次举行全国性的行政决策听证会，就“铁路部分旅客列车票价实行政府指导方案”进行听证，引起社会广泛关注。自此之后，中国各地举行的各类听证会数以万计，公众参与政府决策的积极性空前提高。在当代中国，社会听证和公示已成为各级政府决策时经常采用的方法。

中国司法民主

维护司法公正和社会正义，是现代法治国家的普遍要求，也是中国司法民主的重要体现。多年来，中国致力于推动司法体制改革，建立完善审判制度、法律监督制度，制定仲裁法、律师法、公证法、劳动争议调解仲裁法等法律，建立起仲裁制度、律师制度、公证制度、法律援助制度和司法考试制度等制度，从而形成具有中国特色的现代司法体系，捍卫法律面前人人平等的权利。

在中国，人民法院是国家审判机关，享有独立的审判权，不受行政机关、社会团体和个人的干涉。国家审判机关包括最高人民法院、地方各级人民法院和军事法院等专门人民法院。地方各级人民法院分为基层人民法院、中级人民法院、高级人民法院。最高人民法院是最高审判机关，监督地方各级人民法院和专门人民法院的审判工作，上级人民法院监督下级人民法院的审判工作。当前，中国已经形成比较完善的民事、行政和刑事三大审判体系。

中国的审判制度，一方面借鉴了其他国家好的经验，另一方面也结合自身的实际情况。譬如，中国的司法调解制度。人民法院审理民事案件，依照“能调则调，当判则判，调判结合，案结事了”的原则，根据自愿、合法、民主的要求，在审判人员的主持下，采取调解的方式，促使双方当事人达成和解，解决民事权益的争议。

又如，中国的司法救助制度。对于经济确有困难的当事人，

山东省枣庄市市中区人民法院，两名人民陪审员与法官一起参加案件庭审。

为维护自己合法权益而向人民法院提起民事、行政诉讼的，人民法院实行缓交、减交、免交诉讼费用的救助制度，依法保障弱势群体的诉讼权利。

再如，中国的两审终审的审级制度。中国地方各级人民法院第一审案件的判决或者裁定，在法定期限内，当事人可以依法向上一级人民法院上诉；当事人不上诉的，法定期满即发生法律效力。对上诉、抗诉案件的判决和裁定，上一级人民法院作出的判决和裁定，除死刑案件需要最高人民法院复核外，都是终审判决和裁定。最高人民法院审判的第一审案件的判决和裁定，是终审判决和裁定。

除建立完善的审判制度，中国还建立起严格的监督检察机制。执行法律监督权的是人民检察院。人民检察院享有独立的检察权，不受行政机关、社会团体和个人的干涉。中国检察机关包括最高人民检察院、地方各级人民检察院和军事检察院等专门人民检察院。最高人民检察院是最高检察机关，领导地方各级人民检察院和专门人民检察院的工作，上级人民检察院领导下级人民检察院的工作。

人民检察院的职责是维护司法公正和法律的正确实施。人民检察院对于叛国案、分裂国家案以及严重破坏国家的政策、法律、政令统一实施的重大犯罪案件，行使检察权；对于公安机关提请批准逮捕的案件，依法决定是否批准逮捕；对于公安机关移送起诉的案件，进行审查后，依法作出起诉或者不起诉的决定；对于刑事案件提起公诉或支持公诉等；对于人民法院的审判活动、公安机关和国家安全机关的侦查活动、监狱的执法活动的合法性进行监督。各级人民检察院设立检察委员会，在检察长的主持下，讨论决定重大案件和其他重大问题。

安徽省合肥市一家社区内开设的法律援助站，帮助百姓解决法律问题。

在建立严格的审判制度和检察监督制度的同时，近些年来，中国按照公正司法和严格执法的要求，完善司法机关的机构设置、职权划分和管理制度，进一步健全权责明确、相互配合、相互制约、高效运行的司法体制，从制度上保障审判机关和检察机关依法独立公正地行使审判权和检察权，更好地维护司法权威，维护人民群众的民主权利和合法权益，维护社会的公平和正义。

中国社会治理民主

社会治理是国家治理的重要方面，国家治理体系和治理能力现代化离不开社会治理的现代化。社会治理民主是社会治理现代化的标志之一。

中国在长期实践中，探索出“共建共治共享”的社会治理模式，为保持社会稳定、维护国家安全构建起一道防护网。

“共建”，是指社会治理不只是政府的责任，还是社会各方的责任。在中国，社会治理不仅明确了各级党组织和政府的职能职责，而且重视拓展公众参与社会治理的制度化渠道，建立政社互动、政企互动、政民互动的联动机制，充分调动各方力量参与社会治理的积极性、主动性、创造性，激励社会组织、企业、公众，多样化、多渠道、多层次参与社会治理，形成人人有责、人人尽责、人人享有的社会治理共同体。

“共治”，是指通过党委领导、政府负责、民主协商、社会协同、公众参与、法治保障、科技支撑实现社会治理的社会化、法治化、智能化、专业化。中国社会治理注重发挥中国共产党在社会治理中的政治领导力、思想引领力、群众组织力、社会号召力，以及提升政府主导社会治理和提供公共服务的能力，同时注重推动政府治理和社会自我调节、居民自治良性互动，调动群众参与人民内部矛盾化解、社会治安防控、公共安全预警与应对等方面的积极性。此外，中国社会治理还重视引导群众依法维权、依法办事，并充分发挥德治的社会教化作用，营造积极健康向上的社会心态。

“共享”，是指通过社会治理确保人民安居乐业、社会安定有序，实现社会治理成果共同享有，不断提升人民群众的获得

2015 年 2 月 5 日，北京市朝阳区安贞街道举行党政群共商共治议事协商会。

感、幸福感、安全感。中国社会治理十分注重将中国共产党的群众路线优势转化为社会治理动能，创新组织群众、发动群众的机制。同时，注意抓住人民群众最关心最直接最现实的利益问题，完善公共服务体系，补短板、强弱项、提质量，促进基本公共服务均等化，让发展成果更多更公平惠及全体人民。

社会治理的“最后一公里”在社区。近年来，中国很多省市在社区治理上进行了创新性探索，积累了不少好的做法与经验。北京市朝阳区坚持以人民为中心的发展思想，提出“城市管理应该像绣花一样精细”的口号，从党建引领社区治理、发挥居民的智慧和主观能动性等方面靶向发力，全面深化党政群共商共治工作，创新开展社区成长伙伴计划，全面提升社区治理和服务品质，交上了一份基层善治的“朝阳答卷”。

“共建共治共享”社会治理模式，在应对和防控重大危机时，同样显示出很高的效率。2020年年初新冠肺炎疫情暴发，中国社会在中国共产党的领导下迅速组织起来，形成了无数个大大小小的“社区防疫共同体”，基层党组织迅速行动起来，发动群众，加强自我管理和社会管控，实现了防疫下沉到基层，构建起共建共治共享的社会治理微观网格化防控机制。可以自豪地说，世界上除中国外，没有一个国家有如此强大的治理能力，能在最短的时间内开展全国总动员，从而集中全国的人力、物力、财力，从容应对如此大规模的疫情。世界卫生组织总干事谭德塞称赞中国应对疫情行动速度之快、规模之大，世所罕见，展现出中国速度、中国效率。这也充分体现了中国社会治理的优势。

实践证明，无论是基层矛盾纠纷的化解、人际关系的修复、社会秩序的维系，还是广大城乡社区对疫情的成功防控，都说明社会治理不仅关乎人民群众的身体健康、社会生活的安定有序、国民经济的稳健发展，也与人民群众的获得感、幸福感、安全感以及对公平正义的追求紧密相连。因而，社会治理需要公众共同参与。

第九章

中国式民主展现超强魅力

不可否认，在当今世界，以美国为代表的西方民主模式仍然具有很大的影响力。但耐人寻味的是，近年来，国内外很多人开始对西方式民主进行反思，认为其并不一定就是最好的政治模式。与此同时，随着中国的快速发展，很多人也开始理性看待和分析中国模式，开始关注和赞赏中国的全过程人民民主。事实上，实现民主的形式是丰富多样的，不能拘泥于刻板的模式，更不能说只有一种放之四海而皆准的评判标准。人民是否享有民主权利，要看人民有没有进行民主选举的权利，还要看人民在日常政治生活中是否有持续参与的权利，更要看人民有没有实实在在的幸福感、获得感、安全感。

中国式民主能够确保国家的稳定

早在20世纪之初，中国就曾学习西方，尝试采用一省一票的方式，形成一个多党竞争的议会民主制度共和国。然而，走上多党竞争议会民主制度道路后，当时的中国一下子涌出了300多个政党，形成无穷无尽的党争，各党都运用自己的政治资源，用尽各种手段来进行议会席位的争夺。这种争夺过程，最后导致了矛盾冲突不可调和，以致发生了诸如宋教仁被暗杀之类的血案。

经历这些惨痛的教训后，当时中国的革命派又进行了二次革命。北洋军阀头目袁世凯进一步镇压革命，最后解散国会，实行总统独裁，多元民主政治宣告失败。随着袁世凯复辟帝制梦的破产，中国进入长年的军阀混战时期。一方面，中国的老百姓生活得非常困苦，苛捐杂税多如牛毛，天灾人祸绵延不绝；另一方面，当时中国在国际上的地位非常低下，屡受欺凌。这样的时代，何时才能结束？这样的悲剧，何时才是尽头？

经历了不断的变革与革命，一批觉悟的中国先进分子逐渐认识到，推行西方多党民主制度，不但没有给中国带来稳定、繁荣与发展，相反中国人民仍然处于被压迫、被奴役、被剥削的悲惨境地。中国的出路在哪里？中国人民在黑暗中思考着、摸索着、奋斗着。

1921年7月，中国共产党诞生了，这是开天辟地的大事件。中国革命的面貌自此焕然一新。此后，在中国共产党的领导下，中国革命进入了彻底反帝反封建反官僚资本主义的新民主主义发展阶段，历经国民革命、土地革命、抗日战争、解放战争等长达28年的艰苦卓绝的英勇奋战，推翻了国民党的反动统治，建立起中华人民共和国。中华人民共和国的诞生，标志着中国结束了长达100多年的半殖民地半封建社会的屈辱历史，实现了中国人民梦寐以求的独立和解放。

中华人民共和国成立后，中国共产党的执政地位写进了宪法和党章。正如毛泽东所指出的，“为了建设一个强大的社会主义国家，必须有中央的强有力的统一领导，必须有全国的统一计划和统一纪律”。邓小平也强调，“中国由共产党领导，中国的社会主义现代化建设事业由共产党领导，这个原则是不能动摇的；动摇了中国就要倒退到分裂和混乱，就不可能实现现代化”。如今，中国共产党的集中统一领导制度，逐步发展成为中国特色社会主义制度的核心组成部分。习近平总书记曾形象地指出，“我国社会主义政治制度优越性的一个突出特点是党总揽全局、协调各方的领导核心作用，形象地说是‘众星捧月’，这个‘月’就是中国共产党。在国家治理体系的大棋局中，党中央是坐镇中军帐的‘帅’，车马炮各展其长，一盘棋大局分明”。实践充分证明，中国共产党的集中统一领导这种制度设计，可以有效地避免在中国出现各自为政、一盘散沙的局面，而且可以确保国家政治长期稳定和国家发展中长期目标的实现。

中华人民共和国成立70多年来，中国共产党带领全国各族人

2019 年 10 月 1 日，庆祝中华人民共和国成立 70 周年大会在北京天安门广场隆重举行。

民披荆斩棘、风雨兼程，创造了世所罕见的经济快速发展奇迹和社会长期稳定奇迹。从一穷二白，到世界第二大经济体；从连火柴、煤油都要进口，到拥有联合国产业分类目录中全部工业门类的制造业第一大国；从百业萧条，到活跃着上亿的市场主体，货物贸易第一大国、商品消费第二大国、外资流入第二大国、外汇储备第一大国；从民不聊生，到农村人口全部脱贫，千百年来困扰中华民族的绝对贫困历史性地画上句号，建成覆盖十几亿人的世界最大的社会保障体系，人均预期寿命由1949年的35岁增长到2021年的78.2岁；从国际地位低下、饱受欺凌，到携手各国共建“一带一路”、推动构建人类命运共同体，日益走近世界舞台中央。

这些令世界刮目相看的伟大成就，使中国人民从切身经历的发展变迁中、从历史和现实的比较中，懂得了什么是“道路决定命运”的深刻道理。

历史与现实正反两方面的经验告诉我们，中国必须始终坚持中国共产党的集中统一领导，并把发展和完善党的领导制度体系置于中国特色社会主义制度图谱的首要位置，贯穿于国家治理体系各领域各方面各环节的制度安排之中。唯有如此，才能确保国家的长治久安和持续发展。

中国式民主能够调动广大人民的积极性

中国的民主道路是从反帝反封建、争取民族独立和人民解放开始的，这是中国民主政治的第一步，也是最关键的一步。中国近代以来的民族民主革命，就是把国家自主权夺回到中国人民自己手中，改变自1840年鸦片战争以来逐步沦为半殖民地半封建社会，中国人民深受帝国主义、封建主义、官僚资本主义压迫欺凌的悲惨命运。民族独立和解放，是那个时代所有中国人和中华民族的共同心愿，体现了全体中国人民的意志。

综观中国民主政治制度，其价值核心是代表人民根本利益。事实上，判断一种民主制度的优劣，关键要看其为谁服务、为谁谋利。坚持人民立场，以最广大人民根本利益为价值取向的制

2021 年 12 月 4 日，国务院新闻办公室发布《中国的民主》白皮书。

度，才能得到人民认同和支持。中国民主政治制度把实现好、维护好、发展好最广大人民根本利益作为一切工作的根本出发点和落脚点，坚持把人民拥护不拥护、赞成不赞成、高兴不高兴作为制定政策的依据。

中国民主政治制度顺应民心、尊重民意、关注民情、致力民生，保障最广大人民根本利益，促进实现整体利益和局部利益、集体利益和个人利益、当前利益和长远利益的有机平衡，因而得到最广大人民的衷心拥护，从而能够汇聚14亿多中国人民的磅礴伟力，依靠广大人民群众推动国家蓬勃发展。

与中国的民主制度优势相比，西方民主制度如今则开始陷入困境。美国学者布莱恩·卡普兰在《理性选民的神话：为何民主制度选择不良政策》一书中指出，由于西方民主存在的“理性选民”的“偏见”，大多数选民的选票常常被各种利益集团所利用，进而对经济造成损害。比如，“理性选民”有喜欢高福利的“偏见”，政客就打“高福利”牌，结果西方国家一个接一个地陷入高福利引发的债务危机。基于这样的判断，布莱恩·卡普兰认为，西方民主频频失误的主要原因是选民“理性的胡闹”，多数美国的投票者对政治问题是无知的，他们固有的观点也是有问题的，因为自己的无知，就把选举搞砸了；因为自己的“偏见”，自己投出的票也带有“偏见”，自己国家的政策最终也带有“偏见”而走上歧途。

无独有偶，牛津大学学者斯泰恩·林根在其《魔鬼组成的民族》一书中，同样表达了对西方民主的忧虑和批判。他在探讨美国政治制度面临的困境时，以美国的“立法失控”问题为例，指出美国各种利益集团的游说，使他们所代表的各种既得利益得到照顾，这导致美国国会通过的法案似乎越来越长。如果美国想要改变这种现状，就需要修宪，而修宪首先要通过一些程序，这几乎是不可能的。林根由此感叹道：“你怎么能指望病人给病人看病呢？”一个法治社会反被自己僵化的法治程序所害，结果法治

2021 年 12 月，“民主：全人类共同价值”国际论坛在北京举行。

社会和程序正义变成了拒绝改革和保护落后的武器，而不是鼓励改革和推动创新的工具。

除了上述两个致命缺陷外，西方民主制度在“权利绝对化”上也是越走越远。这种权利绝对化，在政治上表现为党派政治“极化”趋势不断强化。越来越多的人认为，美国两党及其支持者都把自己的权利放在整个国家的利益之上，所以美国今天的政治版图是一张分裂的版图。哈佛大学学者玛丽·安·格伦顿在其

《权利话语：穷途末路的政治言辞》一书中哀叹：美国式权利话语的生硬与直白、赐予权利时的挥霍无度、言过其实和绝对化、个人主义至上乃至褊狭，以及对个体、公民与集体责任的缄默等，导致了“权利的封闭性、权利拥有者的孤立性，以及社会责任感的匮乏”。

中国的民主实践证明，走中国人民自己选择的中国特色社会主义民主政治发展道路，不仅使中国人民实现了自己当家作主的愿望，国家实现了富强、民主、文明、和谐、美丽，而且为人类政治文明发展贡献了中国智慧。现在，越来越多的国家开始认同和研究中国政治制度和发展道路，连一些西方媒体也表示，中国的政治模式比西方更为成功。

中国式民主能够推动经济社会快速发展

中国制度模式不是凭空而来的，而是在长期实践中、在总结经验教训中逐步摸索出来的。中华人民共和国成立之初，曾经实行过单一的计划经济模式，由于严重脱离实际，致使国民经济遭受重挫。

1978年实行改革开放后，中国共产党提出把马克思主义的普遍真理同中国的具体实际结合起来，走自己的道路，建设有中国特色的社会主义。经过多年改革与探索，中国建立和完善社会主义基本经济制度，毫不动摇巩固和发展公有制经济，毫不动摇鼓励、支持、引导非公有制经济发展，充分发挥市场在资源配置中的决定性作用，更好发挥政府作用。这套制度在实践中被证明拥有巨大优势，不仅有利于解放和发展社会生产力、改善人民生

中国创造的经济奇迹令世界为之惊叹。图为上海浦东新区。

活，而且有利于维护社会公平正义。1979—2021年，中国国内生产总值年均增长9%左右，远远高于世界同期年均2.8%的增速。同期，中国居民人均收入年均增长9%左右，人民生活水平由总体小康向全面小康飞跃。

对于中国特色经济制度及其比较优势，国外学者从不同角度给予了评价和肯定。

美国洛杉矶太平洋国际政治研究所研究人员齐迈克认为，中国之所以成功，其中一个重要原因就是“让市场的力量充分发挥作用，开放经济特区，打破国营独大的所有制模式，鼓励人们自由择业，让成千上万的中国人出国学习先进的科技知识，取消人民公社，关闭经营不善的国营企业，大批吸引外资进入中国……如果没有这一项接一项的大胆尝试和重大措施的出台，中国的改革开放不可能取得如此的成功”。他认为，中国改革的成功与中国共产党的领导是分不开的。所以他说：“尽管一些西方人经常批评中国共产党，但我认为它在中国实行改革开放的决策，以及所采取的有效的改革措施值得充分肯定。由于中国共产党的这些决策客观上给中国和世界带来了巨大变化，极大地改善了中国人民的生活，因此，仅凭这一点，我就要给中国共产党打一个高分。”

俄罗斯科学院远东研究所所长米哈伊尔·季塔连科认为，中国经济成功的经验之一就是“所有改革开放政策的制定都以中国特殊国情为基础，是中国土生土长的改革，不像俄罗斯照搬西方经济教条”。同时，中国政府推广政策时采取“循序渐进”的做法，正是这种渐进性改革保证了理论上的全面性和实践的实验性能够结合在一起。季塔连科还特别强调，中国共产党的有力领导保证了改革开放的顺利进行，实践证明，强有力的政权能够解决与社会利益密切相关的问题。

显然，中国特色的制度模式具有明显的优势。因而，中国任何时候都必须捍卫、坚持和完善社会主义基本经济制度，坚持社会主义市场经济改革方向，落实社会主义新发展理念，以供给侧结构性改革为主线，加快建设现代化经济体系，推动经济高质量发展，从而更好地展现中国特色社会主义基本经济制度的巨大优越性。

中国式民主能够促进人民的紧密团结

马克思曾说过，人们自己创造自己的历史，但是他们并不是随心所欲地创造，并不是在他们自己选定的条件下创造，而是在直接碰到的、既定的、从过去承继下来的条件下创造。历史的创造是这样，精神的形成同样如此。

中华民族团结精神的形成，离不开中国共产党所倡导的理想信念、价值观念和道德观念。什么是理想信念？理想信念是一个民族精气神的“钙片”。所谓理想信念，就是人们所信仰、所向往、所追求的奋斗目标，它是人生目的的直接反映，是人生价值的客观表现，是一个民族不断进步的强大动力。对于共产党人来说，理想信念就是信仰共产主义、信仰社会主义，这是支撑共产党人为人民、为国家、为民族前赴后继奋斗的巨大动力，也由此成为中国共产党百年历程中最宝贵的红色基因。

价值理念和道德观念，是一个民族的行动导向。改革开放以来，中国逐步确立起以“富强、民主、文明、和谐，自由、平等、公正、法治，爱国、敬业、诚信、友善”24字为主要内容的社会主义核心价值观。其中，富强、民主、文明、和谐是国家层

通过多种形式，社会主义核心价值观日益浸润于中国社会生活的方方面面，成为人们“日用而不觉的行为准则”。

面的价值目标，自由、平等、公正、法治是社会层面的价值取向，爱国、敬业、诚信、友善是公民个人层面的价值准则。核心价值观，其实就是一种德，既是个人的德，也是一种大德，是国家的德、社会的德。国无德不兴，人无德不立。如果一个民族、一个国家没有共同的核心价值观，莫衷一是，行无依归，那这个民族、这个国家就无法前进。

中国人民的团结精神，正是在继承中华民族伟大团结精神的基础上，在中国共产党倡导的共同理想信念、价值理念、道德观念引导下，经过长期革命、建设和改革的实践培育而逐步养成的。

也正因为有了共同的理想信念、价值理念和道德观念，使得中华民族的团结精神自近代以来得到了升华。当日本发动全面侵华战争，中国共产党人高举团结抗日的旗帜，以民族利益为重，妥善处理西安事变，唤醒了全民族前所未有的觉醒和团结。在中国共产党的领导下，亿万中国人民团结起来，不分男女老幼、东西南北，积极抗日。经过28年的浴血奋战，中国共产党领导人民团结一致，打败了侵略者，推翻了反动统治，中华民族实现了高度统一和各民族空前团结。中华人民共和国成立以来，中国共产党带领全国各族人民高举团结的伟大旗帜，携手推进社会主义建设和改革开放伟大事业，在前进过程中战胜了地震、雪灾、洪水、泥石流等各种自然灾害，及时有效应对非典疫情、新冠肺炎疫情等重大突发公共卫生事件，充分展现了“一方有难、八方支援”的团结互助精神。

反观西方国家，尽管它们到处大肆宣传所谓的“普世价值观”，甚至不惜用枪炮强迫其他国家接受它们的价值观，但这并没有让西方国家内部更加团结，反而日益走向分裂。美国皮尤研究中心最近的一份研究报告说，自20世纪90年代以来，美国民众对于政府监管、环境保护等众多问题的态度更加对立，民主党人和共和党人在政府角色、种族、移民等问题上的分歧和对立也达到了历史的最高点。该报告认为，美国政治极端化、社会分裂绝不仅限于国会大厦内的两党争斗，整个社会不同族群、不同政治观点的人群近年来的“分裂”，已成为美国面临的一大困境。

历史和现实都表明，中华民族有着强大的团结精神。这种团结精神既坚守本根又不断与时俱进，使中华民族保持了坚定的民族自信和强大的修复能力，培育了共同的情感和价值、共同的理想和精神。正是在这种伟大精神的激励下，改革开放以来尤其是中共十八大以来，中国共产党团结带领全国各族人民坚定不移走中国特色社会主义道路，推动中国经济实力、科技实力、国防实力、综合国力进入世界前列，推动中国国际地位实现前所未有的提升，党的面貌、国家的面貌、人民的面貌、军队的面貌、中华民族的面貌发生了前所未有的变化，使中华民族以崭新姿态屹立于世界的东方。

中国式民主能够增进人民的福祉

增进人民福祉是中国共产党的不懈追求。中国共产党高度重视增进人民福祉，强调要把人民拥护不拥护、赞成不赞成、高兴不高兴、答应不答应作为制定方针政策和作出决断的出发点和归宿，体现了人民至上的价值取向。

为践行“人民对美好生活的向往，就是我们的奋斗目标”的庄严承诺，中国共产党和中国政府坚持以人民为中心的发展思想，尽力而为、量力而行，满足人民对民主、法治、公平、正义、安全、环境等各方面的需求，让人民过上越来越好的日子。

随着经济社会发展，中国人民对依法管理国家事务和社会事务、管理经济和文化事业的诉求不断上升，对畅通表达利益要求的愿望更加强烈，民主意识也更加明显。为此，中国共产党和中国政府推进社会主义政治建设，完善社会主义民主政治制度，有效保证人民享有更加广泛、更加充实的民主权利和自由，保证人民能够更加广泛地参与国家治理和社会治理；全面推进依法治国，解决人民群众意见比较集中的执法乱作为、不作为以及司法不公等问题；加强人民对政府权力运行的监督，让权力在阳光下运行。

随着生活水平不断提高，中国人民的公平意识、权利意识不断增强，对社会不公问题反映越来越强烈。为解决这些关系群众切身利益的问题，中国共产党和中国政府实施了一大批惠民举措，人民群众的获得感显著增强。8000多万贫困人口稳定脱贫；中西部和农村教育明显加强；城乡居民收入增速超过经济增速，中等收入群体持续扩大；覆盖城乡居民的社会保障体系基本建立，人民健康和医疗卫生水平大幅提高，保障性住房建设稳步推进。通过这些制度建设，实现人民群众对公平正义的要求。

近年来，中国人民对清新空气、清澈水质、清洁环境等生态产品的需求越来越迫切，对良好生态环境的期待越来越高。为此，中国共产党和中国政府提出一系列生态环境保护刚性举措。譬如，加强污染防治和生态建设，大力推动绿色发展，构建现代化经济体系；改革完善相关制度，协同推动高质量发展与生态环境保护；巩固扩大蓝天保卫战成果，进一步降低二氧化硫、氮氧化物排放量，重点地区细颗粒物浓度持续下降。

稳定、安全是中国发展的前提，也是中国人民最基本的需求。习近平总书记指出，“国泰民安是人民群众最基本、最普遍的愿望。实现中华民族伟大复兴的中国梦，保证人民安居乐业，国家安全是头等大事”。为回应人民的关切，中国共产党和中国

中国坚持绿水青山就是金山银山的理念，坚定不移走生态优先、绿色发展之路，促进经济社会发展全面绿色转型，建设人与自然和谐共生的现代化。图为“国家森林城市”浙江省衢州市打造的市民休闲游憩场所。

政府进一步实施农村饮水安全巩固提升工程，解决好饮水困难人口的饮水安全问题，提高农村人口供水保障水平；强化对药品疫苗等全程监管，对违法者严惩不贷，对失职渎职者严肃查办，坚决守住人民群众生命健康的防线；加强安全生产，防范遏制重特大事故；加强国家安全能力建设；完善立体化社会治安防控体系，深入推进扫黑除恶专项斗争，依法惩治盗、抢、骗、黄、赌、毒等违法犯罪活动，打击非法集资、传销等经济犯罪，整治侵犯公民个人信息等突出问题，坚决守护好人民群众的平安生活。

中国共产党和中国政府在追求发展的同时，并没有抛弃“共同富裕”这一社会主义基本价值。为此，中国在坚持社会主义基本经济制度和分配制度的基础上，通过调整收入分配格局，完善税收、社会保障、转移支付等再分配调节机制，使全体人民朝着共同富裕方向稳步前进。

更为引人关注的是，习近平总书记反复强调，在全面建成小康社会和走向共同富裕的道路上，“一个都不能少，一个都不能掉队”，“不能丢了农村这一头”，“决不能让一个苏区老区掉队”，“决不能让困难地区和困难群众掉队”。这标志着中国从改革开放初期的“部分先富”走向“共同富裕”的重大转折。

中国式民主能够集中力量办大事

中国改革开放总设计师邓小平曾指出，社会主义同资本主义比较，它的优越性就在于能做到全国一盘棋，集中力量，保证重点。

中国已建成世界上规模最大、运营速度最快、具有完全自主知识产权的高速铁路网络，高速铁路占世界高速铁路总量的 2/3。图为世界上第一条商业运营时速达到 350 公里的高速铁路——京沪高铁。

事实确实如此。中华人民共和国成立之初，在经济极端困难、技术基础薄弱、帝国主义封锁等严峻条件下，中国共产党带领全国人民发挥社会主义制度优势，集中力量完成第一个“五年计划”，建立起比较完整的工业体系；研制出“两弹一星”，打破美苏等国的核垄断和核讹诈；勘探和开发大庆油田，摘掉了贫油国家的帽子；等等。这一系列涉及国计民生的大事，为国家发展打下坚实基础，捍卫了国家主权、安全和发展利益，推动了国民经济发展，奠定了新中国的大国地位。

进入改革开放新时期后，中国共产党坚持解放思想、实事求是的思想路线，继续发挥中国社会主义制度能够集中力量办大事这一独特优势，开办经济特区，修建世界上最大水利工程三峡大坝，启动西部大开发战略，实施西气东输、南水北调工程，推进载人航天工程，战胜汶川大地震等自然灾害，成功举办北京奥运会，超越日本成为世界第二大经济体，等等，中国改革开放和社会主义现代化建设取得了巨大成就。

随着中国特色社会主义进入新时代，面对世界经济复苏乏力、局部冲突和动荡频发、全球性问题凸显的外部环境，面对中国经济转型升级的紧迫任务，中国共产党发挥集中力量办大事的优势，“天眼”探空、神舟飞天、墨子“传信”、高铁奔驰、北斗组网、超算“发威”、大飞机首飞、港珠澳大桥、大兴国际机场等创造了中国式奇迹；大力推进供给侧结构性改革，着力建设现代化经济体系，打响防范化解重大风险、精准脱贫、污染防治三大攻坚战，推动中国经济转向高质量发展。如今，中国经济总量已稳居世界第二位，经济实力持续跃升，综合国力显著增强，中国经济对世界经济增长贡献率连续多年超过30%。

2020年年初，新冠肺炎疫情突袭而至，来势汹汹，人民生命安全和身体健康面临严重威胁。中国迅速打响疫情防控的人民战争、总体战、阻击战，用1个多月的时间初步遏制疫情蔓延势头，用2个月左右的时间将本土每日新增病例控制在个位数以内，用3个月左右的时间取得武汉保卫战、湖北保卫战的决定性成果，进而又接连打了几场局部地区聚集性疫情歼灭战，夺取了全国抗疫

2021 年 6 月 17 日，神舟十二号载人飞船成功发射，中国航天员首次进入中国人自己的空间站。图为航天员在中国空间站天和核心舱内开展工作。

斗争重大战略成果。

可能有人很是好奇，相对于西方国家，中国的执行效率为什么会如此之高？或许不同的人会有不同的解释，但归根结底是因为坚持了中国共产党的领导。这不是一句大话，也不是一句空话，而是越来越多人的共识。法国知名学者戴维·戈塞说，中国改革开放以来进行了许多重大改革，使得中国有了连续数十年的飞速发展期，成为世界第二大经济体。这充分证明了中国治理体制的高效和成功。他强调说，从具体的国家治理来看，中国执政方式优势明显：中国政策具有延续性。中国共产党长期执政，可以按照“五年规划”持续推进国家治理和进步，而西方政府的政策只能着眼于任期内。

中国仅用几十年的时间就走完了发达国家几百年走过的工业化历程，成功破解了绝大多数发展中国家难以突破的劣势困境。这充分证明，坚持中国共产党的集中统一领导，就能够充分发挥国家制度和治理体系的优势，确保国家和政权的稳定，实现各民族的团结，调动各方面的积极性，集中力量办大事，持续推动拥有14亿多人口的大国进步和发展，最终实现“两个一百年”奋斗目标。

今天的中国实现了快速而可持续的发展，催生了以全过程人民民主为核心的中国式民主。可以预见，世界历史不会被西方的“自由民主”所终结，中国式民主模式必将大放异彩，赢得世界上越来越多人的理解与认同。